교과 주제로 시작하는

초등 메가 독서 논술

KB083943

A2

초등 1~2학년

사계절의 모습

교과 주제로 시작하는

초등 메가
독서 논술 A2

개정증보판 1쇄	2024년 7월 30일
펴낸곳	메가스터디(주)
펴낸이	손은진
개발 책임	김문주
개발	양수진, 최란경, 최성아, 조지현
기획·집필	박경임, 박금선, 서보현, 엄은경, 오세경, 이정희, 조승현
그림	류미선, 박광명, 이수애, 이일영
표지 디자인	수박나무, 네모점빵
본문 디자인	수박나무, 네모점빵, 배다은
마케팅	엄재욱, 김상민
제작	이성재, 장병미
주소	서울시 서초구 효령로 304(서초동) 국제전자센터 24층
대표전화	1661-5431 (내용 문의 02-6984-6930 / 구입 문의 02-6984-6868,9)
홈페이지	http://www.megastudybooks.com
출판사 신고 번호	제 2015-000159호
출간제안/원고투고	메가스터디북스 홈페이지 〈투고 문의〉에 등록

일러두기
• 맞춤법과 띄어쓰기는 국립국어원에서 펴낸《표준국어대사전》을 기준으로 삼되. 초등학교 교과서의 표기를 참고했습니다.
• 외국의 인명과 지명은 국립국어원에서 펴낸《외래어 표기법》을 따랐습니다.
• 본 저적물은 공공누리 제1유형에 따라 공공 저작물을 이용하였습니다.

메가스터디BOOKS

'메가스터디북스'는 메가스터디(주)의 교육, 학습 전문 출판 브랜드입니다.
초중고 참고서는 물론, 어린이/청소년 교양서, 성인 학습서까지 다양한 도서를 출간하고 있습니다.

• **제품명** 초등 메가 독서 논술 A2
• **제조자명** 메가스터디(주) • **제조년월** 판권에 별도 표기 • **제조국명** 대한민국 • **사용연령** 3세 이상
• **주소 및 전화번호** 서울시 서초구 효령로 304(서초동) 국제전자센터 24층 / 1661-5431

이 책의 특징

〈초등 메가 독서 논술〉은 2022 개정 교과 주제와 연계된 다양한 갈래 글을 읽고 쓰면서
통합적 사고력을 키우는 초등 독서 논술 프로그램입니다.

독서와 논술
[책 읽기] [글로 표현하기]

- 2022 개정 교과 주제 연계 독서
- 갈래 글의 특징에 맞는 독해 활동
- 생각을 글로 표현하는 논술 활동

국어 공부
[어휘+문법+글쓰기]

- 교과 어휘와 필수 어휘 공부
- 국어 학습의 바탕이 되는 문법 공부
- 다양한 갈래 글 완성하기

1
2022 개정 교과 주제 연계 초등 독서 논술

- 초등 1~4학년 교과 주제와 연계된 글을 읽습니다.
- 독서를 통해 교과 내용과 관련된 배경지식과 어휘를 자연스럽게 공부함으로써 학습 능력이 높아집니다.
- 하나의 교과 주제로 연결된 읽기 전·중·후 활동으로 통합적 사고력을 키웁니다.

2
갈래 글 읽기부터 사고력 글쓰기까지

- 읽기 역량에 맞는 문학과 비문학의 여러 갈래 글을 꼼꼼하게 읽으며 독해력을 키웁니다.
- 읽은 글을 바탕으로 자신의 생각을 정리하며 사고력을 키웁니다.
- 자신의 생각을 문장으로 표현하고, 글을 완성하며 논술력을 키웁니다.

3
어휘, 문법, 글쓰기까지 한 번에 국어 공부 완성

- 독서 논술로 공부한 내용을 반복, 확장하여 국어 공부에 바탕이 되는 어휘를 익힙니다.
- 글과 문장 구조를 바르게 알기 위해 문법의 기초를 공부합니다.
- 갈래 글 쓰는 방법을 단계에 따라 차근차근 연습합니다.

전체 커리큘럼

〈초등 메가 독서 논술〉은 예비 초등부터 초등 4학년까지 총 3단계, 12권으로 구성되어 있습니다.
2022 개정 교육과정을 반영한 교과 주제를 중심으로, 아이들의 읽기 역량을 고려하여
단계별로 다양한 갈래 글을 선정하고 난이도를 감안한 서술형·논술형 쓰기 활동을 제시하여
종합적인 국어 능력을 향상시킵니다.

	주제	주차	주차 제목	갈래	교과 단원
A1	학교와 친구	1	학교에서 무슨 일이 생길까?	동화	1-1 〈학교〉 두근두근, 학교가 궁금해요
		2	친구가 생겼어!	옛이야기	1-1 〈학교〉 어깨동무 내 동무 1-1 〈학교〉 짝꿍이 생겼어요
		3	모두를 위한 안전 수칙	기사	1-1 〈학교〉 안전을 확인해요 1-1 〈학교〉 안전하게 건너요
		4	한 뼘 자란 나를 만나요	편지 / 생활문	1-2 〈하루〉 내가 보낸 하루
	[글쓰기 비법] ·어휘 비슷한말 / 학교와 관련된 낱말 ·문법 '무엇을'이 들어 있는 문장 ·글쓰기 일기				
A2	사계절의 모습	1	봄을 맞는 기쁨	동시	2-2 〈계절〉 사계절 친구들
		2	즐거운 여름 방학	동화	2-2 〈계절〉 내가 좋아하는 계절
		3	가을 풍경	동화	2-2 〈계절〉 잠자리 꽁꽁
		4	따뜻하게 겨울나기	설명문	2-2 〈계절〉 새로운 계절을 준비해요
	[글쓰기 비법] ·어휘 재미있는 말 / 계절과 관련된 낱말 ·문법 '되다, 아니다'가 들어 있는 문장 ·글쓰기 동시				
A3	이웃과 직업	1	지키면 행복해요!	논설문	1-2 〈이야기〉 서로서로 지켜요
		2	다르면 좀 어때요?	동화	2-1 〈세계〉 가고 싶은 나라 2-1 〈세계〉 서로 존중해요
		3	뭐든 될 수 있어!	동화	2-1 〈마을〉 마을 사람들을 만나요 2-1 〈마을〉 직업을 체험해요
		4	만들고 사고 쓰고	설명문	2-2 〈물건〉 종이로 놀아요 2-2 〈물건〉 자세하게 알고 싶어요
	[글쓰기 비법] ·어휘 반대말 / 직업과 관련된 낱말 ·문법 꾸며 주는 말이 들어 있는 문장 ·글쓰기 편지				
A4	자랑스러운 우리나라	1	우리나라가 궁금해	설명문	1-1 〈우리나라〉 태극기가 펄럭 1-1 〈우리나라〉 무궁화가 활짝
		2	옛날에는 어떻게 놀았을까?	설명문	2-2 〈인물〉 전통을 이어 가려면
		3	세종대왕과 이순신	전기문	2-2 〈인물〉 위인을 찾아서 2-2 〈인물〉 세종대왕과 한글
		4	멀지만 가까운 북한	보고서	1-2 〈이야기〉 평화를 위한 약속
	[글쓰기 비법] ·어휘 소리는 같지만 뜻이 다른 낱말 / 우리나라와 관련된 낱말 ·문법 문장 부호의 뜻과 쓰임 ·글쓰기 독서 감상문				

	주제	주차	주차 제목	갈래	교과 단원
P1	나와 가족	1	소중한 나, 멋진 나	옛이야기	2-1 <나> 나는 누굴까 2-1 <나> 멋진 나
		2	우리 가족이 좋아	동시	1-1 <사람들> 우리 가족
		3	여러 집을 구경해요	설명문	2-1 <세계> 다른 나라 집 구경 2-1 <세계> 뚝딱뚝딱 다른 나라 집
		4	[똑똑한 글쓰기] ·**어휘** 가족이나 집과 관련된 낱말 / 모양이나 색깔을 나타내는 낱말 ·**문법** '무엇이 무엇이다'의 짜임으로 된 문장 ·**글쓰기** 자기소개 글		
P2	건강과 안전	1	깨끗한 내가 되어요	동화	2-1 <나> 깨끗한 몸, 건강한 나
		2	건강하게 먹어요	동화	2-1 <나> 바르게 알고 먹어요
		3	나를 지켜요	설명문	2-1 <나> 내 몸을 스스로 지켜요
		4	[똑똑한 글쓰기] ·**어휘** 건강이나 안전과 관련된 낱말 / 맛과 냄새를 나타내는 낱말 ·**문법** '무엇이 어찌하다'의 짜임으로 된 문장 ·**글쓰기** 축하 카드		
P3	편리한 생활	1	무엇을 타고 갈까?	동화	2-1 <마을> 무엇을 타고 갈까
		2	컴퓨터를 바르게 써요	동화	2-2 <물건> 컴퓨터를 잘 다루고 싶어요
		3	주변에 어떤 도구가 있을까?	설명문	2-2 <물건> 비가 오는데 우산이 없어요 2-2 <물건> 어떤 발명품이 있을까요
		4	[똑똑한 글쓰기] ·**어휘** 탈것이나 도구와 관련된 낱말 / 촉감을 나타내는 낱말 ·**문법** '무엇이 어떠하다'의 짜임으로 된 문장 ·**글쓰기** 초대장		
P4	동물과 자연환경	1	동물과 함께하면 행복해요	옛이야기	2-1 <자연> 땅 위 친구들 2-1 <자연> 함께하면 행복해
		2	사라지는 동물을 지켜요	설명문	1-2 <이야기> 동물들이 사라져요
		3	자연 속 친구들과 함께해요	편지	1-2 <약속> 수도꼭지를 잠그면 1-2 <약속> 지구가 뜨끈뜨끈 2-1 <자연> 땅속이 꿈틀꿈틀
		4	[똑똑한 글쓰기] ·**어휘** 동물이나 자연환경과 관련된 낱말 / 움직임을 나타내는 낱말 ·**문법** '어떻게 어찌하다'의 짜임으로 된 문장 ·**글쓰기** 안내하는 글		
B1	우리 고장의 생활	1	지도에서 찾아요	설명문	3-1 <사회> 우리가 사는 곳 4-1 <사회> 지도로 만나는 우리 지역
		2	우리 고장으로 놀러 와요	동화	4-2 <사회> 지역문제를 해결하고 지역을 알리는 노력
		3	우리 고장의 소식	기사 / 설명문	3-2 <사회> 옛날과 오늘날의 생활 모습
		4	살고 싶은 도시 이야기	설명문	4-2 <사회> 다양한 환경과 삶의 모습
			[글쓰기 비법] ·**어휘** 높임말 / 지도와 관련된 낱말 ·**문법** 이어 주는 말이 들어 있는 문장 / 글자와 소리가 다른 말 ·**글쓰기** 문단 / 설명문		
B2	동물과 식물의 세계	1	동물과 식물의 생활	설명문	3-1 <과학> 동물의 생활 / 식물의 생활
		2	동물의 한살이	관찰 기록문	3-1 <과학> 생물의 한살이
		3	신기한 식물 이야기	동화	3-1 <과학> 식물의 생활
		4	곰과 호랑이 이야기	신화	5-2 <사회> 선사 시대와 고조선의 생활
			[글쓰기 비법] ·**어휘** 준말과 본말 / 식물과 관련된 낱말 ·**문법** 문장의 종류 / 글자와 소리가 다른 말 ·**글쓰기** 논설문		
B3	함께하는 민주적 공동체	1	더불어 사는 이웃	동화	3-2 <사회> 사회 변화와 우리 생활
		2	공중도덕을 지켜요	설명문	4-1 <도덕> 사회·공동체와의 관계
		3	선거와 민주주의	연설문	4-1 <사회> 민주주의와 자치
		4	있는 그대로 바라보아요	논설문	4-1 <사회> 사회 변화와 우리 생활
			[글쓰기 비법] ·**어휘** 뜻이 여럿인 낱말 / 민주주의와 관련된 낱말 ·**문법** 낱말의 짜임 / 글자와 소리가 다른 말 ·**글쓰기** 부탁하는 글		
B4	변화하는 지구	1	세상은 어떻게 생겨났을까?	신화	4-2 <과학> 밤하늘 관찰
		2	강의 여러 가지 모습	보고서	4-1 <과학> 땅의 변화
		3	우르릉 쾅쾅, 지진과 화산	설명문	4-1 <과학> 땅의 변화
		4	생명을 존중해요!	전기문	4-2 <과학> 생물과 환경
			[글쓰기 비법] ·**어휘** 고유어, 한자어, 외래어 / 지구와 관련된 낱말 ·**문법** 낱말의 종류 / 글자와 소리가 다른 말 ·**글쓰기** 관찰 기록문		

이 책의 구성

독서 논술

읽기 전 ▶ 주제 읽기 ▶ 읽은 후
3단계 5일 학습

읽기 전

글을 읽기 전에 자신이 알고 있는 것을 떠올리며
독서를 준비하는 단계입니다.

- **생각 깨우기** 글과 관련된 질문과 그림을 보며 글을 읽기 전 생각을 깨웁니다.
- **배경지식 깨우기** 글의 갈래, 교과 주제, 제목 등과 관련된 배경지식을 알아봅니다.
- **어휘 깨우기** 글과 밀접한 제재, 주제, 개념뿐만 아니라 중요 어휘를 알아봅니다.

주제 읽기

글의 흐름과 내용을 파악하며 글을 읽습니다.
이때 글의 중심 내용을 생각하며 읽으면 좋습니다.

- **질문 톡** 글 아래에 있는 질문에 답하며 글자가 아니라
  글의 내용을 읽는 습관을 기릅니다.
- **내용 확인** 간단한 독해 문제로 글을 꼼꼼하게 읽었는지 확인합니다.

읽은 후

글을 다 읽은 뒤 여러 활동을 통해 내용을 정확히 이해하고, 자신의 생각을 정리합니다.

- **주제 다지기** 글을 사실적으로 이해하는 독해 활동을 합니다.
- **생각 글쓰기** 읽은 글을 바탕으로 자신의 생각을 창의적으로 표현합니다.

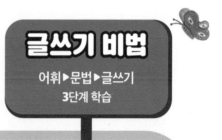

글쓰기 비법

어휘 ▶ 문법 ▶ 글쓰기

3단계 학습

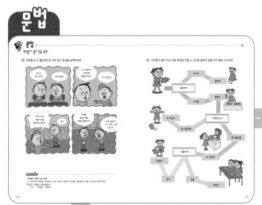

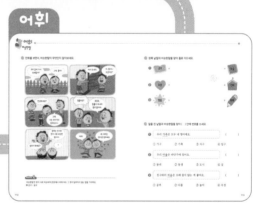

글의 주제 및 제재와 관련된 어휘와 함께
초등학교 필수 어휘까지 확장하여 배웁니다.

학교에서 배우는 기초 문법 요소를
글에 나오는 문장을 활용하여 배웁니다.

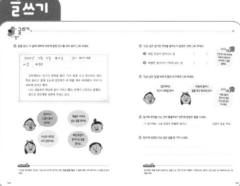

하나의 갈래 글을 쓰는 데
필요한 요소를 짚어 가며
글 쓰는 연습을 합니다.

1주

갈래 동시

제목
- 아롱다롱 나비야
- 봄바람
- 밤 벚꽃
- 고향의 봄

봄을 맞는 기쁨

📖 교과 연계   2-2 <계절> 사계절 친구들

학습 계획표

1일
- 생각 깨우기
- 배경지식 깨우기
- 어휘 깨우기

2일
- 주제 읽기
- 주제 다지기
- 생각 글쓰기

3일
- 주제 읽기
- 주제 다지기
- 생각 글쓰기

4일
- 주제 읽기
- 주제 다지기
- 생각 글쓰기

5일
- 주제 읽기
- 주제 다지기
- 생각 글쓰기

생각 깨우기

💬 '봄' 하면 어떤 것이 떠오르나요? 봄과 관련된 말을 생각나는 대로 쓰세요.

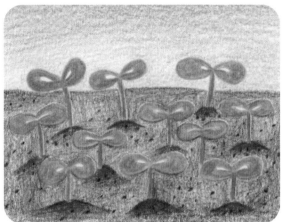

💬 말의 느낌을 생각하며 큰 소리로 한 번, 박수치며 노래하듯 한 번 읽으세요.

풀 꺾어　　　　머리 하고

가지 꺾어　　　비녀 꽂고

앞산에 핀　　　빨간 꽂아

뒷산에 핀　　　노란 꽂아

빨간 꽃은　　　치마 짓고

노란 꽃은　　　저고리 짓고

〈풀각시 만들며〉(인형 놀이를 하며 부르던 노래)

9

배경지식 깨우기

💬 칠판에 적힌 글을 소리 내어 읽어 보세요. 또 노란 글자는 빼고 읽어 보세요. 노란 글자가 있을 때의 느낌을 알맞게 말한 친구 모두에게 ◯표 하세요.

어휘 깨우기

💬 보기 에 있는 낱말의 뜻풀이가 쓰인 꽃잎을 찾아 낱말과 같은 색으로 칠하세요.

보기

울긋불긋	나풀나풀	삐삐	사뿐사뿐
	다닥다닥	아롱다롱	

진하고 연한
여러 빛깔들이
뒤섞여 있는 모양.

소리 나지
않을 정도로 가볍게
발을 내디디며
걷는 모양.

벨이
울리는 소리나
피리를 불 때
나는 소리.

여러 빛깔의
작은 점이나 줄 등이
촘촘하게 무늬를
이룬 모양.

자그마한 것들이
한곳에 많이
붙어 있는 모양.

얇은
물체가 바람에
날려 자꾸 가볍게
움직이는 모양.

아롱다롱 나비야

목일신

아롱다롱
여러 빛깔의 작은 점이나 줄 등이 촘촘하게 무늬를 이룬 모양.

나풀나풀
얇은 물체가 바람에 날려 자꾸 가볍게 움직이는 모양.

사뿐사뿐
소리 나지 않을 정도로 가볍게 발을 내디디며 걷는 모양.

복사꽃
복숭아꽃.

*아롱다롱 나비야
아롱다롱 꽃밭에
*나풀나풀 오너라.
붉은 꽃이 웃는다.
노랑 꽃이 웃는다.
앞뜰 위에 홀로 핀
*복사꽃이 웃는다.
너를 보고 웃는다.

아롱다롱 나비야
아롱다롱 꽃 위에
*사뿐사뿐 앉아라.
송이송이 꽃 속에
고이고이 잠들어
붉은 꿈을 꾸어라.
노랑 꿈을 꾸어라.
오색 꿈을 꾸어라.

질문 톡 앞뜰에 홀로 핀 꽃은 무엇인가요?
☐ 복사꽃 ☐ 해바라기꽃

내용 확인

1 이 시의 배경은 어디인지 고르세요.　　　　　　　　　　　(　　　)

① 냇가　　　　　② 꽃밭　　　　　③ 곤충 박물관　　　④ 소나무 숲

2 다음 빈칸에 들어갈 말을 이 시에서 찾아 쓰세요.

> 진달래, 개나리, 매화가 ☐☐☐☐ ,
>
> 울긋불긋 고운 빛깔을 뽐내요.

> 한 소년이 발걸음도 가볍게 ☐☐☐☐ 걸어요.

> 엄마 품에 안긴 아기가 ☐☐☐☐ 잠들어 있어요.

3 이 시의 내용과 어울리는 낱말을 골라 ○표 하세요.

> 겨울　　장마　　봄　　낙엽　　태풍

주제 다지기

💬 동시 '아롱다롱 나비야'는 무엇을 이야기하고 있나요? 글자 카드에서 알맞은 글자를 찾아 빈 칸에 쓰세요.

크	타	꽃	여	규
나	비	정	소	한

동시 '아롱다롱 나비야'는

☐☐ 와   ☐ 이 있는

봄의 아름다움을 노래하고 있어요.

💬 흉내 내는 말이나 반복되는 말이 나오면 동시가 더 재미있어요. 빈칸에 알맞은 재미있는 말을 쓰세요.

_____ 나비야	아롱다롱 나비야	_____ 꽃 속에
아롱다롱 꽃밭에	아롱다롱 꽃 위에	_____ 잠들어
_____ 오너라.	_____ 앉아라.	붉은 꿈을 꾸어라.

생각 글쓰기

💬 동시에 나온 나비가 붉은 꿈, 노랑 꿈, 오색 꿈을 꾸었어요. 어떤 꿈일지 상상해서 쓰세요.

붉은 꿈

노랑 꿈

오색 꿈

봄바람

이병휘

찔레
5월에 흰 꽃을 피우는 키 작은 나무.

삐삐
볏과의 여러해살이풀인 띠의 어린 꽃이삭. 삘기가 올바른 표현이며 단맛이 난다.

봄바람 마시며 노래 부르자
산과 들로 나가서 노래 부르자
*찔레 먹고 찔찔찔
*삐삐 먹고 삐삐삐
기분 좋구나
종달새도 좋다고 노래 부른다
하늘 향해 신나게 노래 부르자.

봄바람 맞으며 노래 부르자
냇가로 나가서 노래 부르자
달래 먹고 달달달
냉이 먹고 냉냉냉
상쾌하구나
참새도 좋다고 노래 부른다
해님 보며 즐겁게 노래 부르자.

질문톡 어떤 새가 좋아서 노래 부른다고 했나요?
☐ 제비와 까치   ☐ 종달새와 참새

16

내용 확인

1 이 시에서 나온 장소가 <u>아닌</u> 곳에 ○표 하세요.

산
(   )

바다
(   )

냇가
(   )

2 이 시에 나온 감정끼리 알맞게 짝지은 것을 고르세요.   (   )

① 부끄럽다 – 신난다

② 기분 좋다 – 신난다

③ 상쾌하다 – 무섭다

④ 뿌듯하다 - 슬프다

3 이 시를 읽고 느낀 느낌을 이야기한 것으로 가장 알맞은 것에 ○표 하세요.

쌩쌩 바람 부는 소리에 짹짹 울어대는 새소리까지, 너무 시끄러워!	살랑살랑 봄바람을 마시며 즐겁게 노래 부르는 모습에 나도 기분이 좋아!	여기저기 놀아다니며 이것저것 먹어대는 봄바람이 걱정스러워.
( )	( )	( )

주제 다지기

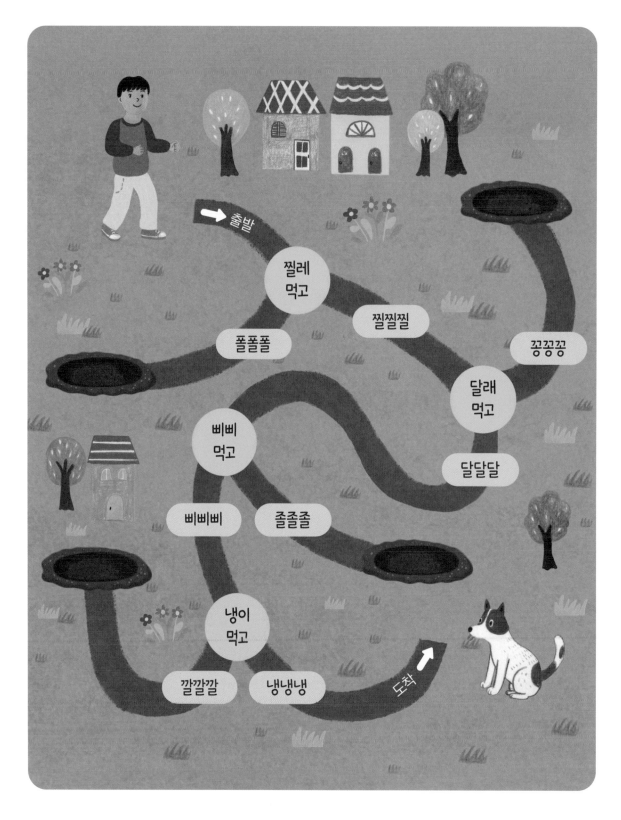

내용

💬 동그라미 안에 쓰인 말과 어울리는 말을 따라 줄을 그어 길을 찾으세요.

생각 글쓰기

💬 동시 '봄바람'에 다른 제목을 붙인다면 어떤 것이 어울릴까요? 새로운 제목을 지어 보고, 그렇게 지은 까닭을 쓰세요.

노래하자는 말이 많이 나오니까 〈봄 노래〉!

〈　　　　　〉

봄이라서 즐겁다는 내용이니까 〈즐거운 봄〉!

💬 동시 '봄바람'의 글씨가 지워졌어요. 적당한 말을 넣어 새로운 시를 지으세요.

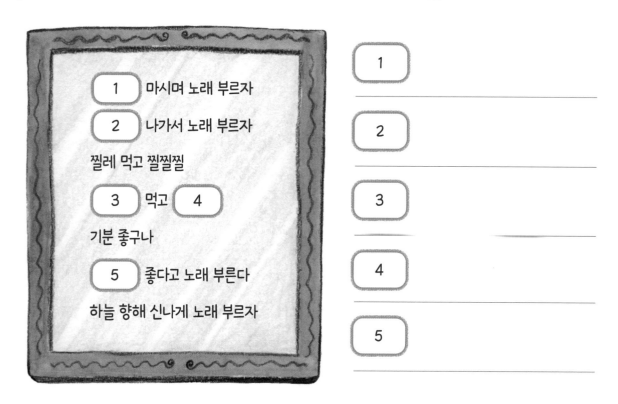

1 마시며 노래 부르자

2 나가서 노래 부르자

찔레 먹고 찔찔찔

3 먹고 4

기분 좋구나

5 좋다고 노래 부른다

하늘 향해 신나게 노래 부르자

1

2

3

4

5

밤 벚꽃

안도현

생산하다
사람이 살아가는 데 필요한
여러 물건을 만들어 내다.

화력 발전소
석유나 가스 등을 태운 힘으
로 전기를 일으키는 시설.

가닥가닥
여러 가닥으로 갈라진 모양.

다닥다닥
자그마한 것들이 한곳에 많
이 붙어 있는 모양.

알전구
갓 같은 가리개가 없는 맨
전구.

벚나무 몸속에는
불을 *생산하는
*화력발전소가 있나 봐
봄이면 가지 끝으로
어김없이
*가닥가닥
전깃줄을 설치하고
불을 보내주는

그 발전소에는
부지런히 일하는
전기기술자가 있나 봐

봄이면 가지 끝마다
빠뜨리지 않고
*다닥다닥
*알전구를 달고
스위치를 켜는

밤에도
환하게 환하게
불을 밝히는
벚나무 몸속에는

질문 톡 화력 발전소에서는 무엇을 생산하고 보내준다고 했나요?

☐ 불   ☐ 전구

20

내용 확인

1 벚나무 몸속에는 무엇이 있다고 했는지, 이 시에서 찾아 쓰세요.

2 이 시에 쓰인 낱말과 그 낱말의 뜻으로 알맞은 것을 줄로 이으세요.

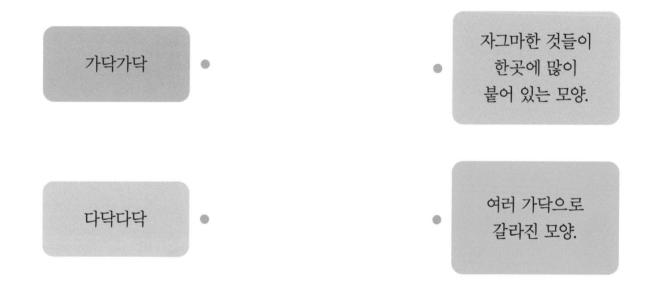

가닥가닥

•

•

자그마한 것들이
한곳에 많이
붙어 있는 모양.

다닥다닥

•

•

여러 가닥으로
갈라진 모양.

3 이 시에서 밤 벚꽃이 무엇과 같다고 했는지, 알맞은 것을 고르세요. (   )

① 환하게 불을 밝히는 알전구

② 딸깍딸깍 소리를 내는 스위치

③ 까만 밤 반짝반짝 빛나는 별

④ 타닥타닥 튀겨지는 고소한 팝콘

주제 다지기

내용

💬 친구들이 동시 '밤 벚꽃'에 대해 이야기하고 있어요. 빈칸에 알맞은 말을 **보기** 에서 찾아 쓰세요.

보기

| 솜사탕 | 화력 발전소 | 의사 | 전기 기술자 | 알전구 |

벚나무 몸속에 무엇이 있다고 했니?

_____

벚나무 가지 끝에는
무엇이 다닥다닥 달려 있다고 했니?

_____

벚나무 몸속에서
누가 일하고 있다고 했니?

_____

생각 글쓰기

💬 벚나무를 보면 어떤 느낌이 드나요? 벚나무가 무엇을 닮았는지 생각나는 대로 쓰세요.

나는 벚나무가 _____ 같아.

왜냐하면 _____

_____

고향의 봄

이원수

산골
외지고 으슥한 깊은 산속.

울긋불긋
진하고 연한 여러 빛깔들이
뒤섞여 있는 모양.

꽃대궐
꽃이 아름답고 화려하게 핀
모양이 마치 대궐과 같음을
이르는 말.

나의 살던 고향은 꽃 피는 *산골
복숭아꽃 살구꽃 아기 진달래
*울긋불긋 *꽃대궐 차린 동네
그 속에서 놀던 때가 그립습니다.

꽃동네 새동네 나의 옛 고향
파란 들 남쪽에서 바람이 불면
냇가에 수양버들 춤추는 동네
그 속에서 놀던 때가 그립습니다.

질문톡 봄이 되면 울긋불긋 무엇을 차린 것 같다고 했나요?
☐ 단풍 산   ☐ 꽃대궐

내용 확인

1 이 시에 나타난 감정으로 알맞은 것을 고르세요. ( )

① 그리움

② 미안함

③ 부러움

④ 즐거움

2 이 시의 글쓴이에 대해 잘못 이해한 친구를 찾아 ○표 하세요.

글쓴이는 지금 고향이 아닌 다른 곳에 살고 있나 봐.

( )

글쓴이의 고향은 도시가 아닌 것 같아.

( )

꽃 종류를 많이 아는 걸 보니 글쓴이는 분명 식물학자일 거야!

( )

3 파란 들 남쪽에서 바람이 불면 냇가에 '무엇'이 춤을 춘다고 했나요? 알맞은 말을 이 시에서 찾아 쓰세요.

주제 다지기

판단

💬 동시 '고향의 봄'을 그림으로 그릴 때 필요하지 않은 색깔에 ○표 하세요.

> 활짝 핀 복숭아꽃과
> 살구꽃을 색칠할
> 분홍색

> 바람에 흔들리는 들판과
> 수양버들을 색칠할
> 초록색

> 별이 총총 떠 있는
> 밤하늘을 색칠할
> 검정색

내용

💬 동시 '고향의 봄'에서 글쓴이가 그리워하는 것을 모두 찾아 색칠하세요.

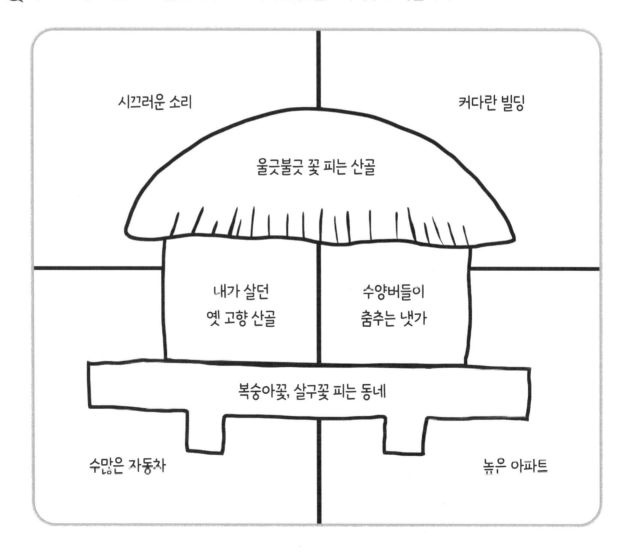

시끄러운 소리　　　커다란 빌딩

울긋불긋 꽃 피는 산골

내가 살던
옛 고향 산골

수양버들이
춤추는 냇가

복숭아꽃, 살구꽃 피는 동네

수많은 자동차　　　높은 아파트

생각 글쓰기

💬 할머니가 사진을 보며 고향을 그리워하고 있어요. 사진에는 무엇이 찍혀 있을까요? 그림 속
사진을 보고, 뒤에 이어질 동시를 지으세요.

우리 할머니는

맨날 맨날

똑같은 사진만 봐요

사진 속엔

어렸을 때

_____

_____

_____

스스로 평가하기 ☺ 😐 ☹

27

2주

갈래 동화

제목
- 시골의 여름이 좋아
- 얘들아, 물놀이 가자!

즐거운 여름 방학

📖 **교과 연계**　2-2 <계절> 내가 좋아하는 계절

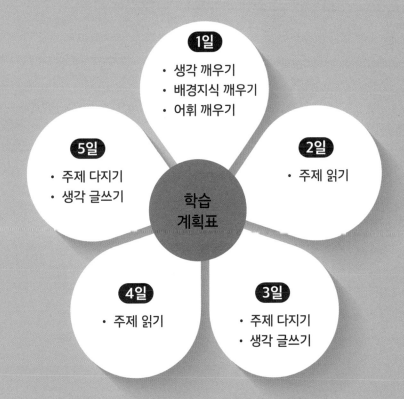

생각 깨우기

💬 여름 방학이 되면 무엇을 하고 싶나요? 여름 방학에 누구와 어디에 가서 무엇을 하고 싶은 지 하나씩 찾아 ○표 하세요.

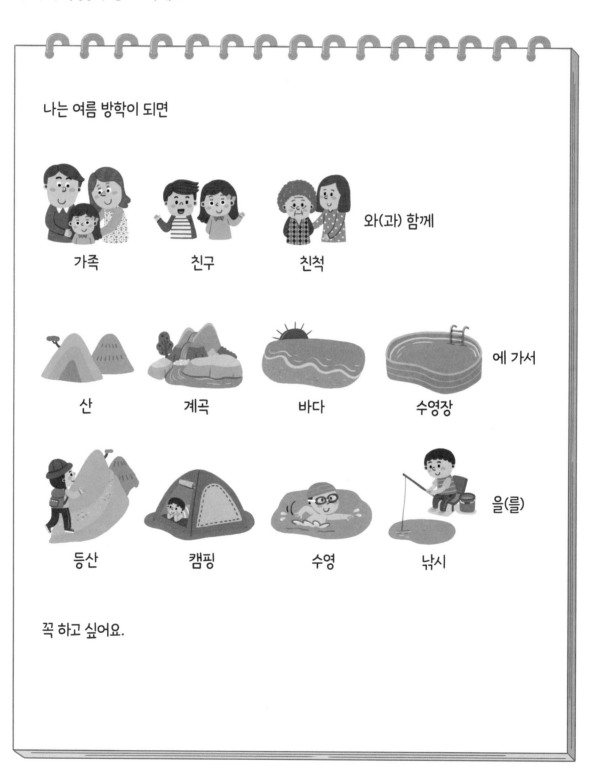

나는 여름 방학이 되면

가족   친구   친척   와(과) 함께

산   계곡   바다   수영장   에 가서

등산   캠핑   수영   낚시   을(를)

꼭 하고 싶어요.

💬 여름이 되면 바닷가나 수영장에 가서 수영을 해요. 수영할 때 어떤 동작이 가장 어려웠나요?
어려웠던 동작에 ○표를 하고, 그 까닭을 쓰세요.

팔 돌리기

준비 운동하기

발차기

잠수하기

숨쉬기

물 위에 떠 있기

배경지식 깨우기

💬 여름의 모습을 그린 그림이에요. 그림을 보고 여름과 어울리는 글을 모두 찾아 ○표 하세요.

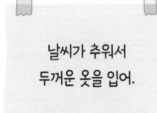

날씨가 추워서
두꺼운 옷을 입어.

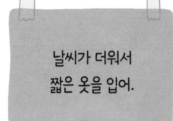

날씨가 더워서
짧은 옷을 입어.

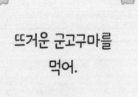

뜨거운 군고구마를
먹어.

시원한 수박을
먹어.

해가 쨍쨍
내리쬐어.

아이들이
눈싸움을 해.

어휘 깨우기

💬 보기 에 있는 낱말과 뜻풀이를 보고, 그림에 어울리는 설명이 되도록 빈칸에 알맞은 낱말을 보기 에서 찾아 쓰세요.

보기

평상 밖에다 내어 앉거나 누워서 쉴 수 있도록 만든 나무 침대예요.

도랑 매우 좁고 작은 개울이에요.

강습 정해진 기간 동안 공부나 기술 등을 익히도록 가르치는 거예요.

구명조끼 몸이 물에 뜰 수 있도록 만든 조끼예요.

아이들이 _____ 에서 물고기를 잡아요.

가족들이 _____ 에 둘러앉아 수박을 먹어요.

바다에서 물놀이를 할 때는 꼭 _____ 를 입어야 해요.

나는 여름 방학에 수영 _____ 을 받았어요.

시골의 여름이 좋아

돼지우리
돼지를 가두어 기르는 곳.
아주 더럽고 지저분한 곳을
빗대어 말할 때도 쓰인다.

물끄러미
우두커니 한곳만 계속 바라
보는 모양.

도랑
매우 좁고 작은 개울.

"어휴, 더워. 에어컨도 없이 어떻게 있어요? 스마트폰도 안 되고, 대문 앞에 있는 *돼지우리에서 이상한 냄새도 난다고요!"

오랜만에 시골 할머니 집에 온 은우는 온 지 한 시간밖에 안 지났는데도 벌써 집에 가고 싶었어요.

은우를 *물끄러미 보던 삼촌이 은우를 집 앞 *도랑으로 데려 갔어요. 도랑에는 뒷산에서 내려온 깨끗한 물이 흘렀지요.

"은우야, 어서 들어와 봐."

망설이던 은우는 조심스럽게 도랑물에 발을 담갔어요.

"우아, 꼭 얼음물 같아."

은우는 시원한 도랑물이 마음에 들었어요. 물속에서 작은 가재 한 마리를 발견한 은우는 재빨리 손을 뻗었지만 결국 가재를 놓치고 말았어요. 하지만 은우는 재미있다고 깔깔 웃었어요.

질문톡 은우는 도랑에서 무엇을 집으려 했나요?

☐ 가재   ☐ 개구리

신나게 놀던 은우는 슬슬 배가 고팠어요.

"삼촌, 과자 없어? 아, 가게가 없으니까 먹을 것도 없겠다."

삼촌은 가까운 수박밭으로 들어가 커다란 수박 하나를 쪼개서 은우에게 내밀었어요. 은우는 놀라서 *눈이 동그래졌어요.

그때 수박밭 옆에 있는 원두막에서 은우를 부르는 소리가 들렸어요. 할머니와 엄마가 김이 모락모락 나는 찐 옥수수와 밭에서 금방 뽑은 부추와 양파로 만든 부침개를 차려 놓고 은우를 기다리고 있었지요.

"엄마, 수박은 달콤하고, 옥수수는 쫀득쫀득하고, 부침개는 고소해요. 모두 정말 맛있어요. 꼭 뷔페에 온 것 같아요. 할머니 최고!"

할머니는 맛있게 먹는 은우를 보고 *함박웃음을 지었어요.

눈이 동그래지다
몹시 놀라거나 이상하고 의심스러워 눈을 크게 뜨다.

함박웃음
크고 환하게 웃는 웃음.

질문톡 은우는 원두막에서 무엇을 먹었나요?
☐ 수박, 옥수수, 부침개   ☐ 피자, 치킨

35

저녁을 먹고 은우와 삼촌은 *평상 위에 앉았어요. 밤하늘은 까맣고 주변은 조용했지요. 가끔씩 풀벌레 소리만 들렸어요.

"은우야, 삼촌이 멋진 영화 보여 줄까?"

"에이, 스마트폰도 안 되는데 어떻게 영화를 봐."

"삼촌 옆에 누워서 하늘 한번 볼래?"

하늘을 올려다본 은우는 별이 쏟아져 내리는 것 같아 깜짝 놀랐어요. 게다가 귓가에 들리는 개구리 소리며 풀벌레 소리는 *정겹기만 했지요.

"삼촌, 시골의 여름도 좋은 거 같아. 오늘 진짜 재미있었어. 에어컨이 없어도 시원하고, 가게가 없어도 먹을 게 많고, 스마트폰이 안 돼도 밤하늘이 극장 같잖아."

문득 은우는 아까 이것저것 투정을 부린 게 미안해졌어요.

질문톡 삼촌은 은우에게 무엇을 보여 주었나요?

☐ 만화 영화   ☐ 밤하늘의 별

내용 확인

1 처음에 은우가 집에 가고 싶었던 이유를 고르세요. ( )

① 너무 덥고 심심해서

② 친구들과 놀고 싶어서

③ 엄마가 집에 가 버려서

④ 과자가 먹고 싶어서

2 은우가 시골 할머니 댁에서 본 것이 <u>아닌</u> 것에 ○표 하세요.

보름달	옥수수	가재
( )	( )	( )

3 은우가 시골 할머니 댁에서 느낀 감정을 순서대로 이은 것으로 알맞은 것을 찾아 ○표 하세요.

신기함 - 미안함 - 쓸쓸함	지루함 - 즐거움 - 미안함
( )	( )

주제 다지기

배경

💬 은우가 할머니 집을 찾아가려고 해요. 할머니가 사는 마을에서 보거나 간 곳만 따라 줄을 그어 길을 찾으세요.

정리

... 빈칸에 알맞은 말을 넣어 이야기를 정리하세요.

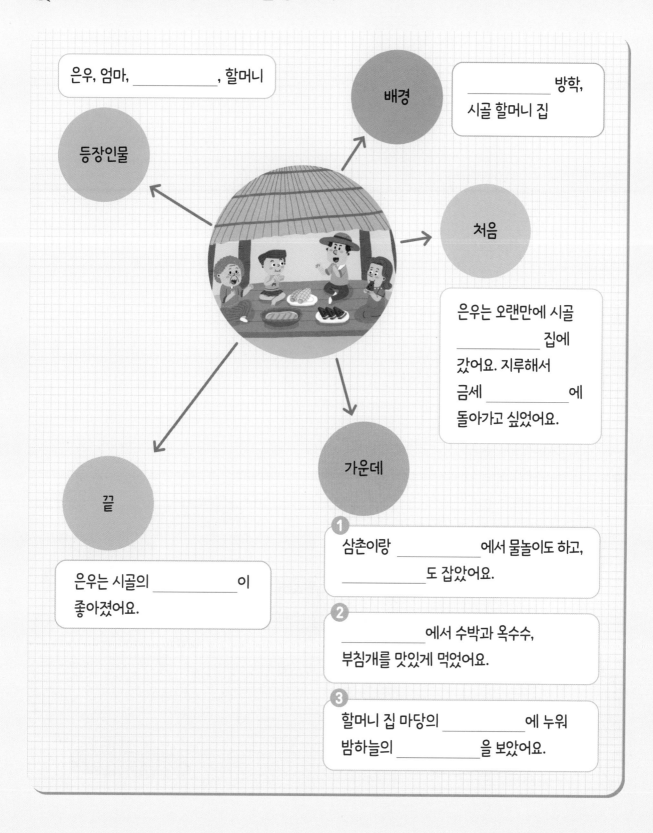

등장인물

은우, 엄마, _____, 할머니

배경

_____ 방학,
시골 할머니 집

처음

은우는 오랜만에 시골
_____ 집에
갔어요. 지루해서
금세 _____ 에
돌아가고 싶었어요.

가운데

① 삼촌이랑 _____ 에서 물놀이도 하고,
_____ 도 잡았어요.

② _____ 에서 수박과 옥수수,
부침개를 맛있게 먹었어요.

③ 할머니 집 마당의 _____ 에 누워
밤하늘의 _____ 을 보았어요.

끝

은우는 시골의 _____ 이
좋아졌어요.

생각 글쓰기

💬 은우는 처음에는 시골이 싫었지만 시간이 지나면서 생각이 바뀌었어요. 은우의 생각이 어떻게 바뀌었는지 빈칸에 알맞은 내용을 쓰세요.

에어컨이 없어도 도랑에서 물놀이를 하면 정말 시원해.

스마트폰이 안 돼도

가게가 없어도

💬 은우가 여름 방학에 할머니 집에 친구들을 초대하려고 해요. 은우를 대신해서 초대장을 만드세요.

여름 방학에 우리 할머니 집으로 놀러 와!

할머니 집은 이런 점이 가장 좋아!

_____

_____

이런 것을 할 수 있어!

_____

_____

이런 것을 먹을 수 있어!

_____

_____

물놀이를 할 수 있지!

시골은 공기가 깨끗하고 맑아!

시골은 도시보다 가게도 적고 없는 게 많아서 불편해!

애들아, 물놀이 가자!

무더운 여름 방학, 가만히 있어도 땀이 주룩주룩 흘러내렸어요. 민호는 단짝 친구인 경수, 유민이와 함께 더위를 식히러 물놀이장에 놀러 갔지요. 준비 운동을 마친 민호는 *구명조끼를 입고, 튜브까지 낀 채로 물속에 들어가 *물장구를 쳤어요. 그런데 경수와 유민이는 튜브도 없이 멋지게 수영을 하는 거예요.

"민호야, 빨리 와."

민호는 튜브를 타고 움직이니 느려서 친구들과 함께 놀 수가 없었어요. 친구들을 쫓아다니는 것도 힘들었지요. 민호는 물놀이를 마치고 돌아오는 길에 굳게 결심했어요.

'꼭 수영을 배워서 튜브 없이 물놀이를 할 거야.'

구명조끼
몸이 물에 뜰 수 있도록 만든 조끼.

물장구
헤엄칠 때 발등으로 물 위를 잇따라 치는 일.

질문톡 민호는 친구들과 어디로 놀러 갔나요?

☐ 물놀이장 ☐ 놀이공원

수영 *강습 첫날, 민호는 씩씩하게 수영장 안으로 들어섰어요.

"네가 민호구나! 우리 잘해 보자!"

선생님이 웃는 얼굴로 민호를 반겼어요.

"저 정말 잘할 수 있어요. 그동안 물놀이를 많이 해 봤거든요."

"그래? 그럼 조금만 배워도 잘하겠네. 자, 일단 준비 운동부터 시작할까?"

선생님의 *격려에 민호는 자신감이 더욱 커졌어요. 하지만 수영 연습은 마음대로 되지 않았어요. 첫날이라 발차기만 배웠는데도 제대로 하기 힘들었거든요. 민호는 잘할 수 있을 거라 기대했던 만큼 실망도 컸어요. 게다가 집에 가는 길에 갑자기 소나기가 내려 옷도 흠뻑 젖어 버렸어요.

'아이 참, 속상해. 비까지 맞다니 울고 싶어. 여름은 정말 싫어.'

강습
정해진 기간 동안 공부나 기술 등을 익히도록 가르치는 일.

격려
용기나 의욕이 솟아나도록 북돋워 줌.

질문톡 소나기를 맞았을 때 민호는 기분이 어땠나요?

☐ 속상했어요   ☐ 시원했어요

각오
앞으로 해야 할 일이나 겪
을 일에 대한 마음의 준비.

버둥거리다
덩치가 큰 것이 매달리거나
주저앉아 팔다리를 내저으
며 자꾸 움직이다.

다음 날, 민호는 *각오를 단단히 하고 수영장에 들어섰어요.

"자, 오늘은 물속에서 숨쉬기를 연습할 거야."

민호는 물속으로 풍덩 뛰어들었어요. 그런데 발이 바닥에 닿지

않자 몹시 당황해서 팔다리를 *버둥거리며 소리를 질렀어요.

"으악!"

"민호야, 보조 기구를 찼으니까 가라앉지 않아. 걱정하지 마."

물에 빠질까 봐 무서웠던 민호는 창피했어요.

"자, 물속에 들어가면 '음', 밖으로 나오면 '파' 하면서 숨을 쉬

는 거야. 할 수 있지?"

"음, 파, 음, 파."

민호는 열심히 숨쉬기 연습을 했어요. 친구들한테 수영하는 모

습을 빨리 뽐내고 싶었거든요. 멋지게 물살을 가르는 모습을 상상

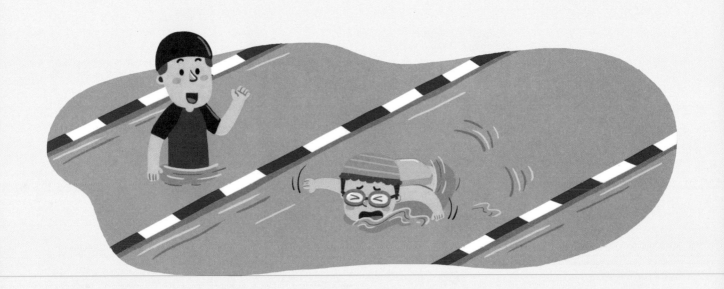

 민호는 물속에서 무슨 연습을 했나요?

☐ 숨쉬기　　☐ 발차기

하며 쉬지 않고 연습했지요.

그렇게 여러 날이 지났지만, 민호의 수영 실력은 별로 늘지 않았어요. 여전히 숨쉬기, 발차기, 양팔 돌리기 중 쉽게 할 수 있는 게 하나도 없었어요. 민호는 울음이 나올 것 같았지요.

'아, 그냥 친구들이랑 바닷가에 가지 말까? 난 정말 수영에 *소질이 없나 봐.'

소질
타고난 능력이나 기질.

민호가 멍하니 앉아 있는데 눈앞으로 아이스크림이 쑥 나왔어요. 고개를 들어 보니 수영 선생님이었어요.

"민호야, 힘들지? 처음에는 누구나 어려워. 머릿속으로 수영 방법을 떠올리며 연습하다 보면 잘하게 될 거야. 힘내."

선생님의 따뜻한 위로 덕분에 민호는 수영 배우는 걸 포기하지 않기로 결심했어요. 그래서 수업이 끝난 뒤에도 남아서 열심히 연습을 했지요.

질문톡 선생님은 민호에게 힘내라며 무엇을 주었나요?
☐ 아이스크림   ☐ 초콜릿

여름 방학이 끝나 갈 무렵, 민호네, 경수네, 유민이네 가족은 다 같이 바닷가에 놀러 갔어요. 민호와 경수, 유민이는 준비 운동을 마치고 구명조끼를 입었어요.

"얘들아, 준비됐어? 빨리 수영하러 가자."

민호는 바닷물 속으로 들어가더니 쉭쉭 소리를 내며 힘차게 앞으로 나아갔어요.

"우아, 민호 너 진짜 연습 많이 했구나?"

경수와 유민이는 깜짝 놀랐어요. 이제 둘이서 민호를 쫓아다녀야 했거든요. 해가 쨍쨍 내리쬐었지만 민호는 하나도 짜증나지 않았어요. 맘껏 수영할 수 있는 여름이 정말 좋아졌으니까요.

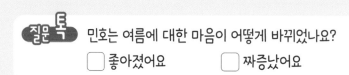

질문톡 민호는 여름에 대한 마음이 어떻게 바뀌었나요?
☐ 좋아졌어요   ☐ 짜증났어요

내용 확인

1 이 글의 내용과 맞으면 ○표, 틀리면 ✕표를 하세요.

○ 민호와 경수, 유민이는 단짝 친구예요.

○ 민호는 수영 강습 첫날부터 수영을 잘했어요.

○ 민호는 여름이 끝날 때까지 수영 실력이 하나도 늘지 않았어요.

○ 경수와 유민이는 민호의 수영 실력에 깜짝 놀랐어요.

2 다음 **보기** 의 뜻에 해당하는 알맞은 낱말을 빈칸에 넣어 문장을 완성하세요.

보기

여름에 갑자기 세차게 쏟아지다가 곧 그치는 비.

집에 가는 길에 ☐☐☐ 가 내려 옷도 흠뻑 젖어 버렸어요.

3 수영 선생님이 민호에게 한 말이 <u>아닌</u> 것을 고르세요. ( )

① 처음에는 누구나 어려워.

② 너는 수영에 소질이 있으니까 연습 안 해도 잘할 거야!

③ 머릿속으로 수영 방법을 떠올리며 연습해 봐.

④ 네가 민호구나! 우리 잘해 보자!

주제 다지기

인물

💬 이야기에 나오는 등장인물을 모두 찾아 ◯표 하세요.

내용

💬 민호는 왜 수영을 배우게 되었나요? 바르게 말한 친구를 찾아 ◯표 하세요.

순서

💬 이야기 순서가 섞여 있어요. 순서에 맞게 ○ 안에 번호를 쓰세요.

민호는 튜브를 끼고
물놀이를 했어요.

민호는 발차기 연습이
마음대로 되지 않아
실망했어요.

민호는 친구들에게
뽐내고 싶어 열심히
숨쉬기 연습을 했어요.

민호는 친구들과
바닷가에 가서 멋지게
수영을 했어요.

선생님이 민호에게
아이스크림을 주며
위로했어요.

주제 다지기

내용

💬 여름 방학 동안 민호에게 일어난 일과 그때 든 생각을 찾아 줄로 이으세요.

갑자기 소나기가 내려
옷이 흠뻑 젖었어요.

수영을 잘할 거라
기대했던 만큼
실망이 컸어요.

친구들과 물놀이장에
놀러 갔어요.

울고 싶을 만큼
속상하고 여름이
싫었어요.

수영 연습이 마음대로
되지 않았어요.

맘껏 수영을 할 수 있는
여름이 좋아졌어요.

친구들과 바닷가에 가서
수영을 했어요.

튜브 없이
물놀이를 하는 친구들이
부러웠어요.

정리

💬 빈칸에 알맞은 말을 넣어 이야기를 정리하세요.

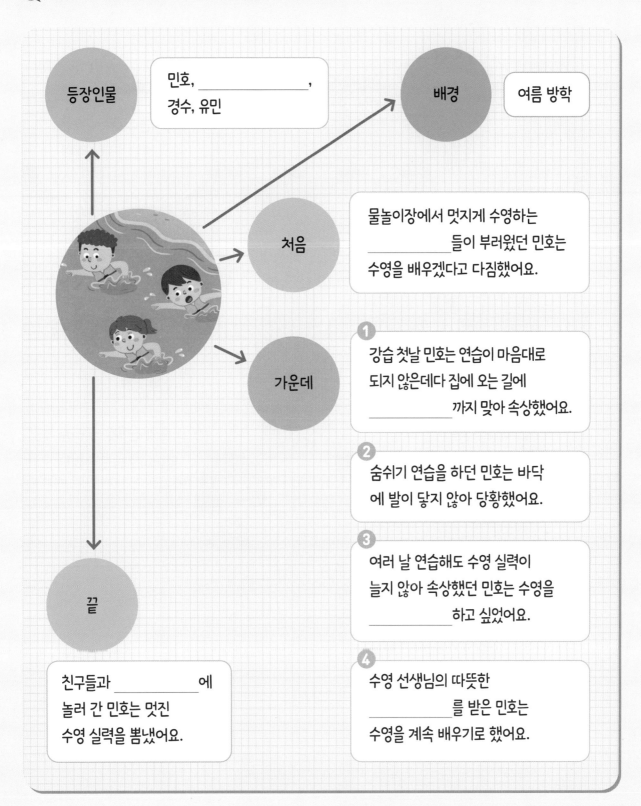

등장인물: 민호, _____, 경수, 유민

배경: 여름 방학

처음: 물놀이장에서 멋지게 수영하는 _____들이 부러웠던 민호는 수영을 배우겠다고 다짐했어요.

가운데:

① 강습 첫날 민호는 연습이 마음대로 되지 않은데다 집에 오는 길에 _____까지 맞아 속상했어요.

② 숨쉬기 연습을 하던 민호는 바닥에 발이 닿지 않아 당황했어요.

③ 여러 날 연습해도 수영 실력이 늘지 않아 속상했던 민호는 수영을 _____하고 싶었어요.

④ 수영 선생님의 따뜻한 _____를 받은 민호는 수영을 계속 배우기로 했어요.

끝: 친구들과 _____에 놀러 간 민호는 멋진 수영 실력을 뽐냈어요.

51

생각 글쓰기

💬 민호는 수영을 배우는 동안 자신감을 잃어 수영을 그만두고 싶었어요. 나라면 민호를 어떻게 격려할지 빈칸에 쓰세요.

💬 민호는 여름 방학에 수영 연습을 열심히 해서 바닷가에 놀러 갔어요. 나는 여름 방학에 무엇을 배우고 싶은지와 그 까닭을 쓰세요.

나는 낚시를 배워서
물고기를 잡고 싶어요.

나는 자전거를 배워서
강가를 달리고 싶어요.

나는 종이접기를 배워서
멋진 작품을 만들고 싶어요.

나는 잠수를 배워서
물속을 들여다보고 싶어요.

나는 _____ 를(을) 배워서

_____ 싶어요.

3주

갈래 동화

제목 · 숲속의 가을 잔치

가을 풍경

📖 교과 연계   2-2 <계절> 잠자리 꽁꽁

학습 계획표

1일
- 생각 깨우기
- 배경지식 깨우기
- 어휘 깨우기

2일
- 주제 읽기

3일
- 주제 읽기

4일
- 주제 다지기

5일
- 주제 다지기
- 생각 글쓰기

생각 깨우기

💬 가을의 모습이에요. 그림을 잘 보고, 가을에 대한 설명으로 알맞은 것을 모두 찾아 ○표 하세요.

• 나뭇잎이 빨갛게 물들어요.	
• 얼었던 땅이 녹고 싹이 나요.	
• 잘 익은 열매를 거두어들여요.	
• 코스모스와 들국화가 피어요.	
• 사람들이 시원한 곳에서 물놀이를 해요.	

56

💬 가을이 되면 나뭇잎이 울긋불긋 물들고 열매가 익어요. 가을에 쉽게 볼 수 있는 색을 떠올리며 그림을 색칠하세요.

배경지식 깨우기

... 여러 종류의 열매를 한데 모았어요. 가을에 나는 열매를 모두 찾아 ○표 하세요.

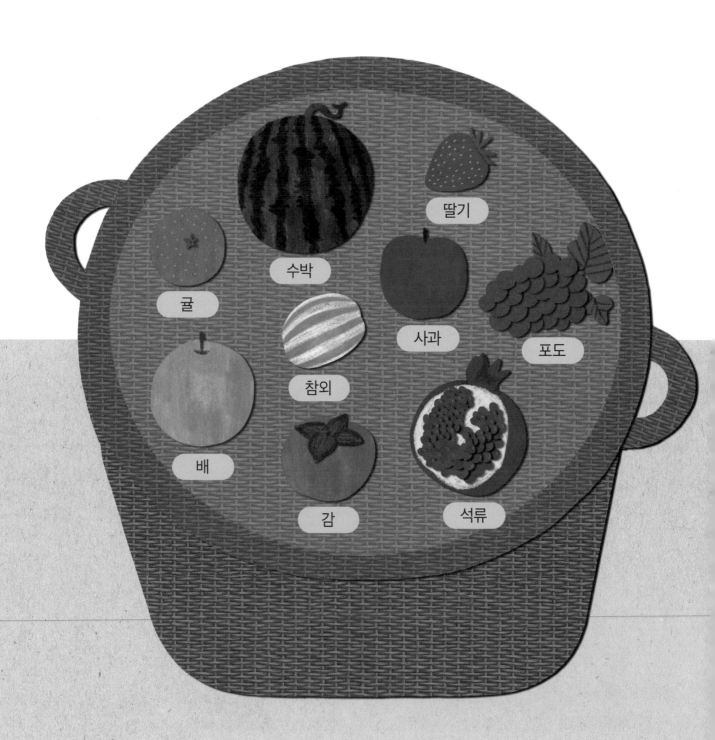

어휘 깨우기

💬 그림과 뜻풀이를 잘 보고, 어울리는 낱말을 찾아 줄로 이으세요.

솜씨나 능력 등을 자세히 살펴
순서를 정하는 거예요.

여럿 가운데 가장 뛰어나거나
첫째가는 거예요.

잔치　　　　열매　　　　심사　　　　으뜸

기쁜 일이 있을 때 여럿이 음식을
먹으며 즐겁게 노는 거예요.

꽃이 진 자리에 생기는 것으로
대개 속에 씨가 들어 있어요.

59

숲속의 가을 잔치

제법
수준이나 솜씨가 어느 정도
에 이르렀음을 나타내는 말.

요란하다
시끄럽고 떠들썩하다.

숲속에 가을이 찾아왔습니다. 아침저녁으로는 날씨가 *제법 쌀쌀했지요. 다람쥐가 활짝 핀 들국화를 구경하고 있는데, "톡!" 소리가 났습니다. 다람쥐는 소리 나는 곳으로 쪼르르 달려갔지요. 이번에는 저쪽에서 "톡!" 소리가 났습니다. 다람쥐는 또 그리로 달려갔습니다.

"톡!" 소리가 난 자리에는 어김없이 도토리가 떨어져 있었어요. 다람쥐는 도토리를 주워 들었습니다.

그때 *요란한 날갯짓 소리와 함께 까치가 날아왔어요.

질문 톡 다람쥐는 무엇을 주웠나요?
  ☐ 도토리   ☐ 편지

가을 잔치에 초대합니다!

이번 주 토요일, 해가 하늘 한가운데에 왔을 때
숲속 빈터로 오세요. 잔치에 올 때는
꼭 맛있는 가을 열매를 하나씩 가져오세요.
으뜸인 열매를 뽑아 상을 드립니다.
까치 씀

잔치
기쁜 일이 있을 때 여럿이 음식을 먹으며 즐겁게 노는 일.

열매
꽃이 진 자리에 생기는 것. 대개 속에 씨가 들어 있다.

으뜸
여럿 가운데 가장 뛰어나거나 첫째가는 것.

"깍깍! 다람쥐야, 너 여기 있었구나."

까치는 노란 은행잎 편지를 내밀었습니다. 초대 편지를 읽은 다람쥐는 도토리 중에서도 가장 크고 *반질반질 *윤이 나며 색깔도 아름다운 왕도토리를 가지고 가기로 마음먹었어요. 그날부터 부지런히 왕도토리를 찾아다녔답니다.

반질반질
겉 부분에 윤기가 흐르고 매우 매끄러운 모양.
윤
반질반질 매끄러운 기운.

 질문톡 다람쥐는 어디에 초대 받았나요?
☐ 가을 잔치　　☐ 운동회

숲속은 잔치 준비로 시끌벅적했어요. 동물들이 가을 열매를 찾아 바삐 돌아다녔거든요. 토끼는 여름 내내 정성껏 기른 땅콩 밭으로 달려갔어요. 땅콩 줄기를 힘껏 당기자 줄기 끝에 땅콩 *꼬투리들이 주렁주렁 달려 올라왔답니다. 토끼는 잘 *여문 꼬투리만 찾아서 안에 든 땅콩을 꺼냈지요.

토끼 옆집에 사는 돼지는 어떤 열매가 가장 좋을지 곰곰 생각하다가 달콤한 수박이 떠올랐어요. 그런데 어디서도 수박을 찾을 수 없었어요.

"토끼야, 혹시 수박 못 봤니?"

"에이 참! 돼지야, 수박은 여름에 나잖아."

돼지는 얼굴이 빨개진 채 다시 가을 열매를 찾아 나섰어요.

꼬투리
콩과 식물의 씨앗을 싸고 있는 껍질.

여물다
과실이나 곡식 따위가 알이 들어 딴딴하게 잘 익다.

질문톡 토끼는 어디로 달려갔나요?

☐ 땅콩 밭   ☐ 수박 밭

사슴은 가을바람에 살랑살랑 춤추는 코스모스가 마음에 들었
어요. 코스모스를 꺾어 예쁜 꽃다발을 만들었지요. 가을 잔치에
서 으뜸상을 받을 생각에 신이 난 사슴은 콧노래까지 *흥얼거렸
답니다.

"사슴아, 꽃다발을 만들며 노는 걸 보니 벌써 가을 열매를 구했
구나? 정말 부럽다. 난 아직 못 찾았는데."
가을 열매를 찾아 부지런히 땅을 파던 들쥐가 말했습니다.
그 순간 사슴은 꽃이 아니라 열매를 가져가야 한다는 걸 깨달
았지요. 사슴이 착각을 한 거예요. 사슴은 들쥐에게 고맙다는 인
사를 한 뒤 가을 열매를 찾아 숲속 깊숙이 들어갔어요.

흥얼거리다
흥에 겨워 계속 입속으로
노래를 부르다.

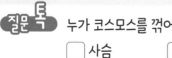 누가 코스모스를 꺾어 꽃다발을 만들었나요?
☐사슴　　　☐들쥐

63

가을 잔치를 여는 토요일이 되었습니다. 숲속 빈터에서 신나는 피리 소리와 노랫소리가 들렸습니다. 통나무 북을 치는 소리도 들렸지요.

다람쥐는 잔치에 가져갈 왕도토리를 찾으려고 집 안 곳곳을 *뒤졌습니다.

'이상하네. 부엌에도, 창고에도 없어. 왕도토리를 어디 두었지?'

곰곰 생각하니, 왕도토리를 땅에 묻은 일이 생각났습니다.

'맞아. 왕도토리를 잃어버릴까 봐 땅속에 숨겼지. 잎이 노랗게 물든 은행나무 밑에 숨겼으니까 노란 은행나무를 찾으면 되겠다.'

밖으로 나온 다람쥐는 깜짝 놀랐습니다. 똑같이 생긴 노란 은행나무가 여러 그루였거든요. 가까이에 있는 은행나무 아래를 모두 파 보았지만 왕도토리는 나오지 않았지요.

질문 톡 다람쥐는 왕도토리를 어디에 숨겼나요?
☐ 침대 밑   ☐ 은행나무 밑

내용 확인

1 흉내 내는 말과 그 말의 뜻으로 알맞은 것을 찾아 줄로 이으세요.

반질반질 •	• 조금 사늘한 바람이 가볍게 자꾸 부는 모양.
살랑살랑 •	• 겉 부분이 윤기가 흐르고 매우 매끄러운 모양.
주렁주렁 •	• 열매 등이 많이 달려 있는 모양.

2 초대장을 보고 아래 질문에 알맞은 답을 쓰세요.

(1) 초대장을 보낸 동물은 누구인가요?　□□

(2) 가을 잔치는 어디에서 하나요?　□□□□

(3) 가을 잔치에는 무엇을 가져가야 하나요?　□□□□

3 돼지가 어디서도 수박을 찾지 <u>못한</u> 이유는 무엇인지 고르세요.　　　(　　　)

① 수박은 여름 과일이라서
② 토끼가 수박을 숨겨 놓아서
③ 수박을 숨긴 나무를 잊어버려서
④ 사슴이 수박을 먹어 버려서

지친 다람쥐는 은행나무에 기대앉았습니다. 그러고 보니 작년에도 숨겨 놓은 도토리와 밤을 찾지 못해서 배가 고팠던 일이 생각났습니다.

'내가 숨겨 놓고 찾지 못하다니, 나는 바보야.'

다람쥐는 한숨을 쉬었습니다.

'일 년에 딱 한 번 열리는 가을 잔치에 아무거나 가지고 가기는 싫어. 꼭 왕도토리를 가져가고 싶은데……'

"아니, 누가 이렇게 한숨을 쉬고 있담. *땅이 꺼지겠네."

두더지가 땅속에서 고개를 내밀고 물었습니다. 다람쥐는 *망설이다가 까닭을 말했습니다.

"네가 그리 슬퍼하는 걸 보니 마음이 아프네. 내가 찾아 줄게."

다람쥐의 말을 들은 두더지는 앞발을 흔들더니, 흙을 *헤집고 땅속으로 들어갔습니다.

땅이 꺼지다
한숨을 쉬는 모습이 몹시 깊고 크다.

망설이다
이리저리 생각만 하고 태도를 결정하지 못하다.

헤집다
긁어 파서 뒤집어 흩다.

질문톡 두더지는 왕도토리를 어떻게 하기로 했나요?
☐ 숨겨 주기로　　☐ 찾아 주기로

다람쥐가 두더지를 기다리는 동안 숲속 빈터에서는 한바탕 춤과 노래자랑이 끝났습니다. 곰이 앞으로 나서며 말했습니다.

"자, 이번에는 자기가 가져온 가을 열매를 자랑해 보자."

까치가 끼어들었습니다.

"잠깐, 다람쥐가 아직 안 왔어."

"우리 먼저 시작하자. 그러면 다람쥐도 곧 오겠지."

토끼가 단풍잎에 *둘둘 만 것을 꺼내며 말했습니다.

"맑은 샘물로 키운 땅콩이야. 얼마나 고소한지 몰라."

돼지는 자기 얼굴보다 더 큰 호박을 내려놓았습니다. 어찌나 무거운지 "쿵!" 하고 땅이 울릴 정도였습니다.

사슴은 빨갛게 익은 석류를 내밀었습니다. 석류를 반으로 쪼개자 보석처럼 반짝이는 붉은 씨가 가득 들어 있었지요.

"깊은 숲속에서 자란 석류야. 한번 먹으면 계속 먹고 싶어질걸!"

둘둘
큰 물건이 여러 겹으로 둥글게 말리는 모양.

질문톡 동물들은 무엇을 자랑했나요?
☐ 음식 솜씨　　☐ 가을 열매

"얘들아, 내가 가져온 이 고구마 좀 보렴. 진짜 크지?"

들쥐는 자기 몸집만 한 고구마를 옆에 놓고 뽐냈습니다.

여우의 빨간 사과는 모두 *군침을 삼킬 만큼 냄새가 달콤했어요. 말은 빨갛게 익은 대추를 한 *움큼 펼쳐 놓았고, 곰은 굵은 알밤을 내놓았습니다. 까치는 잘 익은 주황빛 감을 물고 왔고요.

모두들 얼마나 애써서 키웠는지, 얼마나 힘들게 찾아냈는지, 또 얼마나 맛있는지 자랑을 늘어놓았습니다.

그런데 다람쥐는 여전히 나타나지 않았습니다.

"안 되겠다. 내가 다람쥐를 찾아볼게. 기다려."

까치가 날갯짓을 하며 하늘로 날아올랐습니다.

군침
아무 까닭이나 실속 없이 입안에 도는 침.

움큼
손으로 한 줌 움켜쥘 만한 분량을 세는 단위.

질문 톡 누가 다람쥐를 찾아 나섰나요?

[ ] 까치   [ ] 두더지

68

까치가 내려다보니, 다람쥐가 풀이 죽은 채 앉아 있었습니다.

"깍깍! 다람쥐야, 친구들이 기다리는데 여기서 뭐하니?"

"잔치에 가져갈 왕도토리를 어디 두었는지 찾을 수가 없어."

"그럼 어때. 그냥 오면 되지. 괜찮아, 어서 가자."

까치의 재촉에 다람쥐는 하는 수 없다는 듯, 까치 뒤를 따라갔습니다. 동물 친구들은 다람쥐를 반갑게 맞아 주었습니다. 다람쥐의 사정을 듣고는 따뜻하게 위로했지요.

"기운 내. 내년에 더 멋진 열매를 가져오면 되지, 뭐."

"모두 왔으니 이제 가을 열매를 *심사해 볼까? 그런데 심사는 누가 하지?"

심사
솜씨나 능력 등을 자세히
살펴 순서를 정하는 일.

곰의 말에 동물들이 주변을 둘러보는데, 땅이 흔들거렸습니다.

"앗, 이게 뭐야? 땅이 움직여!"

깜짝 놀란 말이 엉덩방아를 찧었습니다.

꿈틀꿈틀하던 흙이 멈추더니 두더지가 머리를 쑥 내밀었지요.

질문톡 동물 친구들은 다람쥐를 어떻게 대했나요?

☐ 위로했어요　　　☐ 야단쳤어요

두더지는 다람쥐에게 도토리 하나를 내밀었습니다. 다람쥐가 잃어버린 바로 그 왕도토리였어요.

"와, 대단해! 두더지야, 정말 고마워."

두더지를 본 동물들이 *한목소리로 외쳤습니다.

"두더지야, 누구 열매가 으뜸인지 심사를 해 줄래?"

두더지는 동물들이 가져온 열매에 코를 대고 냄새를 맡아 보았습니다. 잘 보이지도 않는 눈을 *끔뻑이며 꼼꼼히 살펴보았지요.

"다 싱싱하고 잘 익었네. 모두 으뜸상이야."

누가 으뜸상을 받을지 조마조마하던 동물들은 다같이 웃음을 터뜨렸습니다. 동물들은 열매를 *한데 모아 놓고 나누어 먹었지요.

"나는 가을이 좋아. 과일과 곡식이 넉넉하잖아."

"나도 좋아. 바람은 시원하고 햇살도 따뜻하잖아."

한목소리
여럿이 함께 내는 하나의 목소리.

끔뻑이다
큰 눈이 자꾸 잠깐씩 감겼다 뜨였다 하다.

한데
한곳이나 한군데.

질문톡 두더지는 누구 열매가 으뜸이라고 했나요?
☐ 다람쥐   ☐ 모두

70

내용 확인

1 이야기에 나온 동물과 그 동물의 성격으로 알맞은 것을 찾아 줄로 이으세요.

다람쥐 •		• 마음씨가 곱고 인정이 많아.

두더지 •		• 기억력이 나빠서 깜빡깜빡 잘 잊어버려.

2 이야기 속 동물들이 가을을 좋아하는 이유로 알맞은 것에 모두 ○표 하세요.

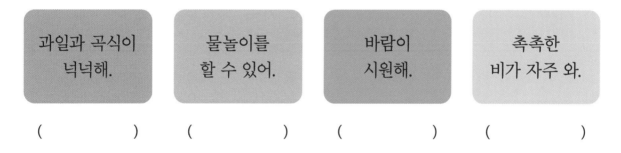

과일과 곡식이 넉넉해.	물놀이를 할 수 있어.	바람이 시원해.	촉촉한 비가 자주 와.
( )	( )	( )	( )

3 이야기에 나오지 <u>않는</u> 장면을 고르세요. ( )

① 두더지가 다람쥐에게 왕도토리를 찾아 주는 장면

② 다람쥐가 슬퍼하며 한숨 쉬는 장면

③ 까치가 어떤 열매가 으뜸인지 심사하는 장면

④ 땅이 움직여서 깜짝 놀란 말이 엉덩방아를 찧는 장면

주제 다지기

주제
💬 숲속 동물 친구들은 무엇을 했나요? 바르게 말한 친구를 찾아 ○표 하세요.

인물
💬 다람쥐는 잔치에 가기 전에 어떤 동물들을 만났나요? 다람쥐가 만난 동물을 모두 찾아 색칠하세요.

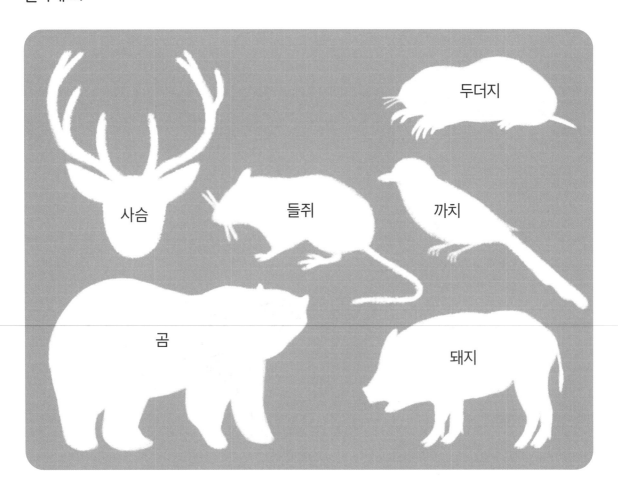

내용
다람쥐가 받은 편지예요. □에서 알맞은 말을 찾아 ○표 하세요.

가을 잔치에 초대합니다!

이번 주 목요일 / 토요일 ,

해가 나무 / 하늘 한가운데에 왔을 때

숲속 빈터 / 놀이터 로 오세요.

잔치에 올 때는 꼭 맛있는 가을 / 여름 열매를

하나씩 가져오세요.

으뜸인 열매를 뽑아 상을 드립니다.

까치 씀

주제 다지기

내용

💬 이야기에서 동물 친구들은 어떤 행동을 했나요? 이야기 내용에 맞으면 □ 안에 ○표, 틀리면 ✕표 하세요.

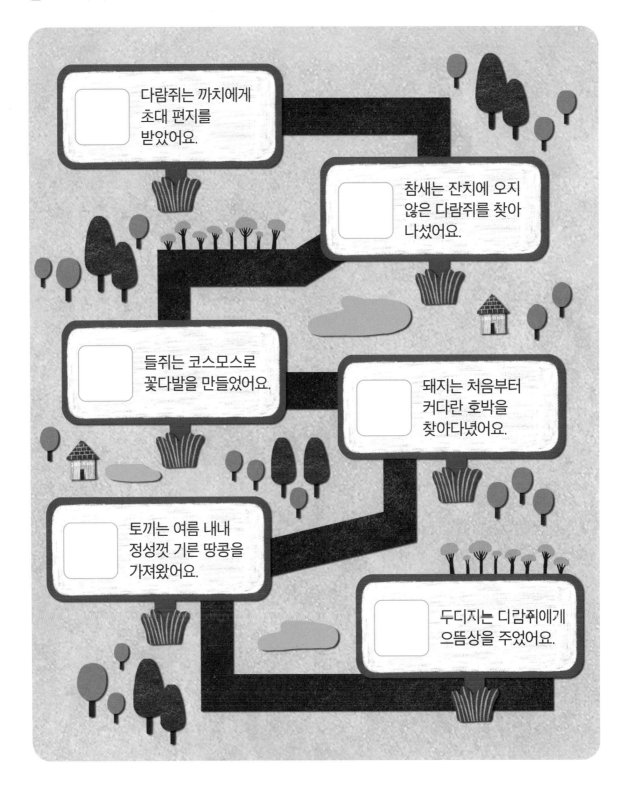

내용

💬 동물 친구들은 어떤 가을 열매를 가지고 왔나요? 각각의 동물이 가져온 열매를 찾아 줄로 이으세요.

주제 다지기

💬 이야기의 순서가 뒤죽박죽 섞였어요. 이야기 내용을 떠올리며 순서에 맞게 (   ) 안에 번호를 쓰세요.

❶ 다람쥐는 부지런히 왕도토리를 찾아 다녔어요.

❷ 다람쥐는 숨겨 놓은 왕도토리를 찾지 못했어요.

❸ 두더지는 동물들이 가져온 가을 열매를 심사했어요.

❹ 다람쥐는 가을 잔치에 초대한다는 편지를 받았어요.

❺ 숲속 동물들은 가을 열매를 찾으려고 바삐 돌아다녔어요.

❻ 두더지는 다람쥐에게 왕도토리를 찾아 주었어요.

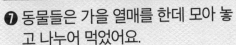

❼ 동물들은 가을 열매를 한데 모아 놓고 나누어 먹었어요.

❽ 동물들은 자기가 가져온 가을 열매를 자랑했어요.

❹ → ❶ → (　　　) → ❷ → (　　　) → (　　　) → (　　　) → ❼

주제 다지기

내용

💬 가을 잔치가 끝난 다음, 숲속 기자가 다람쥐와 인터뷰를 했어요. 다람쥐가 뭐라고 답했을지
알맞은 말을 찾아 줄로 이으세요.

왜 가을 잔치에
늦었나요?

왕도토리를
잃어버릴까 봐요.

왜 왕도토리를
숨겼나요?

잎이 노랗게 물든
은행나무 밑에요.

어디에 왕도토리를
숨겼나요?

똑같이 생긴
은행나무가 많아서요.

왜 왕도토리를
찾지 못했나요?

왕도토리를
찾지 못해서요.

정리

💬 빈칸에 알맞은 말을 넣어 이야기를 정리하세요.

다람쥐, _____, 까치, 토끼, 돼지, 사슴, 말, 여우, 곰

등장인물

배경

가을날, 동물들이 사는 숲속 마을

처음

다람쥐가 도토리를 줍다가 까치에게 가을 잔치 _____을 받았어요.

① 숲속 동물들은 가을 _____를 찾아다녔어요.

② 다람쥐는 잔치에 가져가려고 숨겨 둔 _____를 잃어버렸어요.

③ 토끼는 땅콩, _____는 호박, 사슴은 석류, 들쥐는 _____, 여우는 사과, 말은 대추, 곰은 _____, 까치는 감을 가져왔어요.

④ 두더지는 다람쥐에게 왕도토리를 찾아주었어요.

가운데

끝

동물들은 가을 열매를 한데 모아 놓고 나누어 먹었어요.

⑤ 두더지는 모두에게 _____을 줬어요.

생각 글쓰기

💬 가을 열매 자랑 대회가 열렸어요. 내가 심사 위원이라면 어떤 열매를 으뜸상으로 뽑고 싶나요? 내가 뽑은 열매와 뽑은 까닭을 쓰세요.

으뜸상

열매 이름: _____

위 열매는 _____

_____

이 상장을 드립니다.

년   월   일

상

💬 숲속 동물들이 가을에 고마운 마음을 표현하고 있어요. 나는 가을에 어떤 말을 하고 싶은지 편지로 전하세요.

내가 좋아하는 맛있는 감을 주어서 고마워.

예쁜 코스모스를 피게 해 주어서 고마워.

나뭇잎을 알록달록 물들여 주어서 고마워.

가을에게

주어서

정말 고마워. 내년에도 기다리고 있을게.

가

스스로 평가하기 😊 😐 ☹️

4주

갈래	설명문
제목	• 동식물의 겨울나기

따뜻하게 겨울나기

📖 **교과 연계**   2-2 <계절> 새로운 계절을 준비해요

1일
- 생각 깨우기
- 배경지식 깨우기
- 어휘 깨우기

2일
- 주제 읽기

3일
- 주제 읽기

4일
- 주제 다지기

5일
- 주제 다지기
- 생각 글쓰기

학습 계획표

생각 깨우기

💬 추운 겨울이 되면 숲속 동물들은 어떻게 지낼까요? 겨울을 보내는 동물들의 모습을 상상해 서 쓰세요.

추우니까 동굴 속에 들어가 잠을 잘 거야.

밖으로 나오지 않고 따뜻한 땅속에서만 지낼 거야.

한데 모여서 봄을 기다릴 거야.

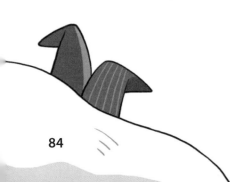

내 생각에는 _____

_____ 것 같아.

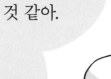

💬 겨울은 다른 계절과 날씨도 다르고 할 수 있는 일도 많이 달라요. 게시판에 있는 글을 잘 보고, 겨울의 모습을 나타낸 글을 모두 찾아 ○표 하세요.

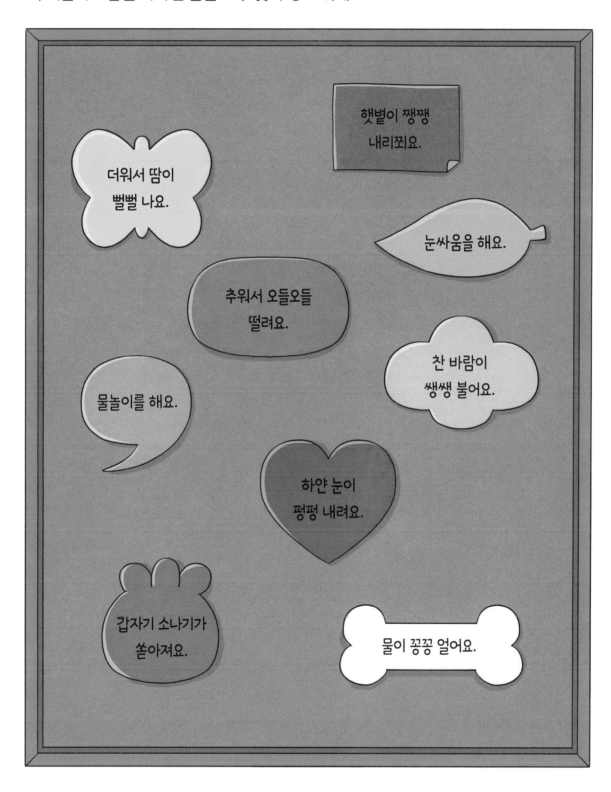

배경지식 깨우기

💬 사람들은 추운 겨울이 오기 전에 미리 겨울나기를 준비해요. 겨울에 필요한 물건을 모두 찾아 ○표 하고, 왜 필요한지 쓰세요

선풍기

털장갑

튜브

물뿌리개

두꺼운 점퍼

샌들

목도리

털 부츠

털모자

반바지

이 물건들은 _____ 위해서 필요해요.

어휘 깨우기

사다리를 따라 줄을 그어, 위에 있는 낱말에 어울리는 뜻풀이를 찾으세요.

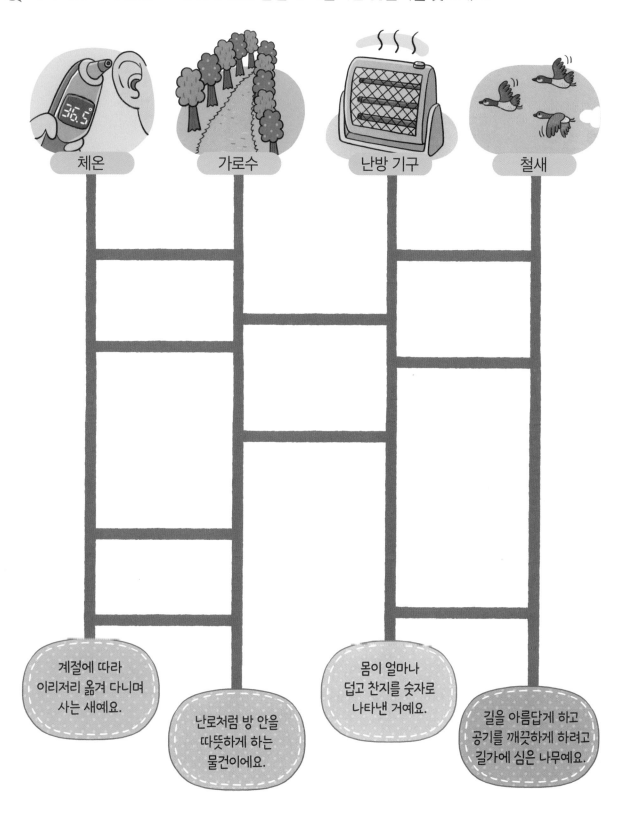

동식물의 겨울나기

준비하고 점검해요

길가의 *가로수에서 나뭇잎이 우수수 떨어지고 찬 바람이 쌩쌩 불면 겨울이 왔다는 뜻이에요. 겨울에는 날씨가 몹시 춥기 때문에 미리 준비해야 할 것이 많아요.

사람들은 겨울을 따뜻하게 지내려고 이불이나 커튼을 두꺼운 것으로 바꾸고, 두꺼운 옷도 준비해요. 전기난로 같은 *난방 기구를 꺼내서 손질하고, 창문으로 바람이 들어오지 않도록 틈새를 막지요. 또 김장을 해서 겨우내 먹을 김치를 한꺼번에 담가요. 눈이 많이 내릴 때를 *대비해서 모래나 소금을 준비하고, 겨울에는 불이 나기 쉬우니까 소화기도 미리 *점검하지요.

가로수
길을 아름답게 하고 공기를 깨끗하게 하려고 길가에 심은 나무.

난방 기구
난로처럼 방 안을 따뜻하게 하는 물건.

대비하다
앞으로 일어날지도 모르는 일에 대응하기 위해 미리 준비하다.

점검하다
낱낱이 검사하다.

질문톡 겨울이 오기 전에 무엇을 미리 손질하나요?
☐ 전기난로   ☐ 선풍기

겨울잠을 자요

겨울은 날씨가 춥고, 먹이를 구하기 어려운 계절이에요. 사람뿐
만 아니라 동물도 추운 겨울이 오기 전에 저마다 겨울나기를 준
비해요.

개구리나 두꺼비, 뱀 같은 동물은 겨우내 깊은 잠을 자요. 사람
과 달리 주변의 온도에 따라서 *체온이 변하는 '변온 동물'이기
때문이에요. 날씨가 추워지면 체온도 같이 내려가서 너무 추운
날에는 몸이 꽁꽁 얼 수도 있어요. 그래서 따뜻한 땅속으로 들어
가 겨울 동안 잠을 자요.

겨울잠을 자는 동안에는 꼼짝도 하지 않고 마치 죽은 것처럼
거의 숨도 쉬지 않아요. 그래서 겨울잠을 자는 개구리나 뱀은 건
드려도 꼼짝하지 않지요. 이렇게 겨울잠을 자며 추위를 견디다 날
씨가 따뜻해지면 잠에서 깨어난답니다.

체온
몸이 얼마나 덥고 찬지를
숫자로 나타낸 것.

질문톡 개구리는 주변 온도에 따라 무엇이 변하나요?

☐ 체온   ☐ 몸무게

곰이나 다람쥐, 박쥐 같은 동물은 주변 온도에 따라 체온이 변하지 않고 언제나 체온이 일정한 '항온 동물'이에요. 하지만 추운 겨울에는 먹이가 부족하니까 겨울잠을 자요.

이런 동물들은 겨울잠을 자기 전에 먹이를 잔뜩 먹어 몸을 살찌워요. 몸에 *영양분을 많이 모아 두려는 거예요. 그런 다음, 동굴이나 나무 구멍 속처럼 따뜻한 곳에 들어가 겨울잠을 자요. 몸에 필요한 영양분을 아끼려고 되도록 움직이지 않고 잠을 자는 거지요.

개구리와 달리 항온 동물은 얕게 자기 때문에 겨울이라도 따뜻한 날에는 잠깐 깨어 미리 모아 놓은 먹이를 먹기도 해요. 그래도 겨우내 굶어서, 봄이 되어 겨울잠에서 깨어나면 몸이 아주 홀쭉해져 있지요.

영양분
생물이 에너지를 얻거나 몸을 구성하기 위해 햇빛이나 음식 등을 통해 얻는 성분.

질문톡 언제나 체온이 일정한 동물을 무엇이라 하나요?
　　☐ 변온 동물 　　　☐ 항온 동물

90

털갈이를 해요

겨울이 온다고 모든 동물이 겨울잠을 자는 것은 아니에요. 토끼나 청설모, 참새 같은 동물은 추운 겨울에도 겨울잠을 자지 않아요. 두툼한 털이나 깃털이 몸을 따뜻하게 지켜 주니까요.

이 동물들은 겨울이 다가오면 털갈이를 해요. 원래 있던 털은 빠지고 좀 더 길고 두꺼운 털이 나오지요. 우리가 겨울에 더 두껍고 따뜻한 옷으로 갈아입는 것과 같아요.

토끼나 청설모, 참새도 겨울이 다가오면 먹이를 많이 먹어서 몸집을 뚱뚱하게 키워요. 겨울을 나기 위해 영양분을 몸속에 *저장하는 거지요. 먹이를 구하기 어려울 때를 대비해 겨울 동안 먹을 것을 미리 모아 놓기도 해요.

저장
물건들을 모아서 보관함.

 토끼는 겨울이 다가오면 무엇을 하나요?

　□ 털갈이　　　□ 목욕

곤충은 저마다 다르게 겨울을 나요

곤충도 주변 온도의 영향을 많이 받는 변온 동물이에요. 그래서 너무 춥거나 더우면 죽고 말아요. 곤충은 겨울에는 거의 움직이지 않고 지내요. 겨울을 나는 모습도 저마다 다르지요.

대부분의 곤충은 한 해 동안 살고, 겨울이 되면 죽어요. 사마귀나 메뚜기는 알로 겨울을 나요. 알은 두꺼운 알집 속에 들어 있어 따뜻하게 지켜지지요.

사슴벌레나 장수풍뎅이는 애벌레인 채로 나무줄기 속에서 겨울을 나고, 호랑나비는 단단한 껍질로 싸인 *번데기로 겨울을 나요.

무당벌레는 어른벌레로 겨울을 나는데 여럿이 무리 지어 낙엽 밑에서 겨울잠을 자요. 개미나 꿀벌은 모아 놓은 먹이를 먹으며 집 안에서 따뜻하게 겨울을 보내지요.

번데기
곤충의 애벌레가 어른벌레가 되는 과정에서 한동안 아무것도 먹지 않고 고치 같은 것 속에 가만히 들어 있는 몸.

질문톡 무당벌레는 어떤 상태로 겨울을 지내나요?
☐ 애벌레 ☐ 어른벌레

내용 확인

1 이 글에 나온 동물과 그 동물이 겨울을 나는 방법으로 알맞은 것을 줄로 이으세요.

다람쥐, 곰, 뱀	•		•	겨울잠을 자요.
참새, 토끼	•		•	털갈이를 해요.

2 빈칸에 알맞은 말을 써서 문장을 완성하세요.

> 변온 동물은 주변의 온도에 따라 ☐☐ 이 변해요.
>
> 그래서 추운 겨울에는 따뜻한 땅속으로 들어가 잠을 자요.

3 이 글의 내용과 다른 것을 고르세요.　　　　　　(　　　)

① 겨울에는 불이 나기 쉬우니까 소화기를 점검해요.
② 겨울이 오면 모든 동물이 겨울잠을 자요.
③ 토끼나 청설모 등은 겨울이 다가오면 털갈이를 해요.
④ 대부분의 곤충은 한 해 동안 살고, 겨울이 되면 죽어요.

따뜻한 곳으로 떠나요

추운 겨울이 오면 따뜻한 곳으로 떠나는 동물도 있어요. 제비나 뻐꾸기 같은 새들은 여름에는 우리나라에서 살다가 겨울이 다가오면 따뜻한 남쪽으로 떠나요. 따뜻한 곳에서 겨울을 지내고 봄이 오면 다시 우리나라로 돌아오지요. 이런 새를 '여름 *철새'라고 해요.

반대로 기러기나 두루미는 겨울이 되면 우리나라를 찾아와요. 우리나라보다 훨씬 더 추운 북쪽 *시베리아에서 살다가 겨울을 나기 위해 시베리아보다 좀 더 따뜻한 우리나라로 오는 거예요. 이렇게 겨울에 찾아왔다가 봄이 오면 다시 떠나는 새를 '겨울 철새'라고 해요.

철새
계절에 따라 이리저리 옮겨 다니며 사는 새.

시베리아
러시아의 우랄산맥에서 태평양 연안에 이르는 북아시아 지역.

질문톡 겨울에 우리나라로 오는 철새를 무엇이라 하나요?
☐ 여름 철새   ☐ 겨울 철새

나무는 잎을 떨어뜨려요

동물처럼 움직이지 못하는 식물은 어떻게 겨울을 날까요? 길가의 가로수를 보면, 나무는 추운 겨울이 오기 전에 나뭇잎을 떨어뜨리고 *앙상한 가지로 겨울을 나요.

왜 겨울이 되면 낙엽이 지는 걸까요? 그건 물을 아끼기 위해서예요. 나무는 뿌리로 땅속의 물을 빨아들여 살아요. 잎이 많으면 물도 많이 필요하지요. 그런데 겨울에는 땅이 얼어 뿌리가 물을 빨아들이기 힘들어요. 계속 잎을 달고 있으면 물이 부족해서 나무가 말라죽게 되지요. 그래서 나무는 추운 겨울이 오기 전에 잎을 모두 떨어뜨리고 앙상한 가지만 남기는 거예요.

앙상하다
나뭇잎이 지고 가지만 남아서 스산하다.

질문톡 나무는 겨울이 오기 전에 무엇을 떨어뜨리나요?

☐ 나뭇잎 ☐ 뿌리

겨울눈으로 겨울을 나요

이듬해
바로 다음의 해.

낙엽이 진 목련이나 동백나무의 나뭇가지를 살펴보면 볼록한 게 달려 있어요. 바로 '겨울눈'이에요. 겨울눈 속에는 *이듬해 봄에 돋아날 새잎이나 꽃이 들어 있어요. 잎이 될 부분이 들어 있으면 '잎눈', 꽃이 될 부분이 들어 있으면 '꽃눈'이라고 하지요.

겨울눈은 나뭇잎이 떨어지기 전인 여름부터 가을에 걸쳐 만들어져요. 영양분이 풍부할 때 잎이나 꽃이 될 겨울눈을 미리 만든 거지요.

겨울눈은 추운 겨울 동안 얼지 않도록 솜털이나 비늘로 덮여 있어요. 목련의 겨울눈은 가느다란 솜털로 덮여 있고, 동백나무의 겨울눈은 단단한 비늘로 덮여 있지요.

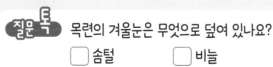 목련의 겨울눈은 무엇으로 덮여 있나요?
☐ 솜털   ☐ 비늘

씨로 겨울을 나요

나무보다 훨씬 약해 보이는 풀도 겨울나기 준비를 해요. 해바라기나 나팔꽃, 벼는 일 년 동안만 사는 '한해살이 식물'이에요.

씨에서 싹이 트고 자라서 꽃을 피우고 다시 씨를 맺는 *한살이 과정이 봄부터 겨울까지 일 년 안에 이루어지지요.

한해살이 식물은 겨울이 오기 전에 말라 죽어요. 대신 씨로 겨울을 나지요. 씨로 따뜻한 땅속에 묻혀 겨울을 보낸 뒤, 이듬해 봄이 되면 씨에서 싹이 나와 다시 새로운 한살이를 시작하지요.

한살이
세상에 태어나서 죽을 때까지의 동안.

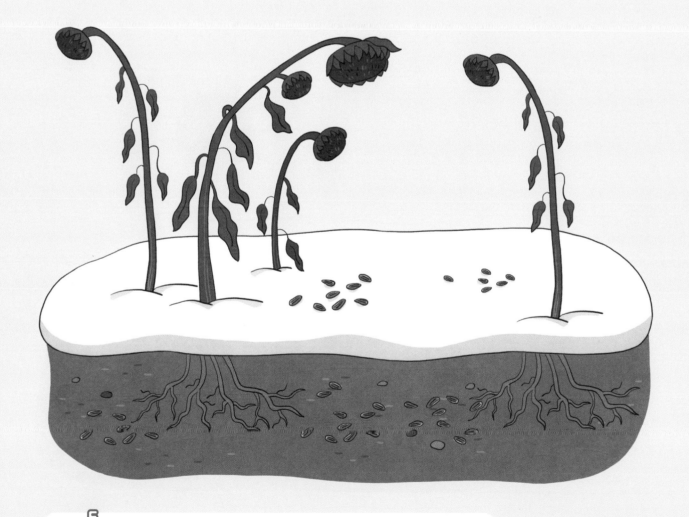

질문톡 일 년 동안만 사는 식물을 무엇이라고 하나요?

☐ 한해살이 식물   ☐ 하루살이 식물

뿌리로 겨울을 나요

로제트
중앙에서 사방으로 뻗어 나
가 땅 위로 퍼지는 식물의
아랫부분.

달맞이꽃이나 냉이, 민들레 같은 식물은 가을에 싹이 터 어린 식물로 겨울을 나요. 햇빛을 많이 받으려고 땅바닥에 바싹 붙어서 잎을 넓게 펼치고 납작하게 겨울을 나지요. 땅바닥에 붙어 자라는 모습이 방석 같다고 '방석 식물'이라고도 하고, *로제트 식물'이라고도 해요.

국화나 쑥 같은 식물은 일 년만 살지 않고 여러 해 동안 살아요. 이런 식물을 '여러해살이 식물'이라고 하지요. 여러해살이 식물은 겨울에 줄기, 잎, 꽃은 죽지만 뿌리는 살아 있어요. 땅속에 있는 뿌리로 겨울을 나는 거예요.

이처럼 나무나 풀, 동물 모두 자기 나름의 방법으로 겨울을 난답니다.

질문톡 국화는 무엇으로 겨울을 나나요?

☐ 뿌리   ☐ 줄기

98

내용 확인

1 식물이 겨울을 준비하기 위해 하는 일이 <u>아닌</u> 것을 고르세요. (　　　)

① 따뜻한 곳으로 떠나요.

② 영양분이 풍부할 때 겨울눈을 만들어요.

③ 땅바닥에 바싹 붙어 잎을 넓게 펼쳐요.

④ 나뭇잎을 떨어뜨려요.

2 아래에 쓰인 말과 뜻이 반대인 말을 이 글에서 찾아 쓰세요.

(1) 겨울 철새 ⟷ ☐ ☐ ☐ ☐

(2) 여러해살이 식물 ⟷ ☐ ☐ ☐ ☐ ☐ ☐

3 다음 중 겨울에 볼 수 있는 풍경이 <u>아닌</u> 것을 고르세요. (　　　)

① 낙엽

② 철새

③ 해바라기

④ 겨울눈

주제 다지기

주제

💬 이 글은 무엇에 대해 알려 주나요? 알맞은 것을 찾아 ☐ 안에 ◯표 하세요.

| 동물과 식물이 숨쉬는 방법 ☐ | 동물과 식물의 겨울나기 방법 ☐ | 동물의 먹이와 식물의 나이 ☐ |

정보

💬 사람들이 겨울나기 준비를 하려고 표를 만들었어요. 겨울나기 준비로 알맞은 것을 모두 찾아 빈칸에 ◯표 하세요.

- 커튼을 얇은 것으로 바꾸어요. ◯

- 두꺼운 겨울옷을 준비해요. ◯

- 선풍기를 꺼내 설치해요. ◯

- 겨울 동안 먹으려고 김장을 해요. ◯

- 소화기를 미리 점검해요. ◯

정보
동물들은 여러 가지 방법으로 겨울을 보내요. 동물과 그 동물이 겨울나기 하는 방법을 줄로 이으세요.

제비

다람쥐

참새

따뜻한 곳에서
추운 겨울 동안
겨울잠을 자요.

털갈이를 해서
몸을 따뜻하게
만들어요.

날씨가 추워지면
따뜻한 곳을 찾아
날아가요.

토끼

개구리

기러기

주제 다지기

정보

💬 철새가 따뜻한 곳으로 가려 해요. 겨울잠을 자는 동물의 이름이 쓰인 푯말을 따라 줄을 그어 길을 찾으세요.

판단
뱀과 곰의 겨울나기에 대한 설명이 섞여 있어요. 설명을 보고 뱀에 관한 것이면 '뱀', 곰에 관한 것이면 '곰'이라고 □ 안에 쓰세요.

주제 다지기

정보

💬 곤충들이 겨울을 나는 모습이에요. 그림을 보고, 어떻게 겨울을 나는지 **보기** 에서 알맞은 것을 찾아 □ 안에 번호를 쓰세요.

보기

① 두꺼운 알집 속에서 알로 겨울을 나요.

② 나무줄기 속에서 애벌레로 겨울을 나요.

③ 단단한 껍질로 싸인 번데기로 겨울을 나요.

④ 낙엽 밑에서 겨울잠을 자며 어른벌레로 겨울을 나요.

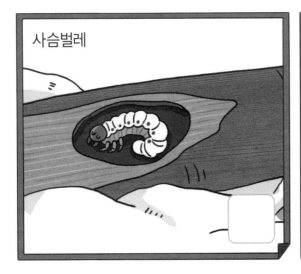

사슴벌레

호랑나비

사마귀

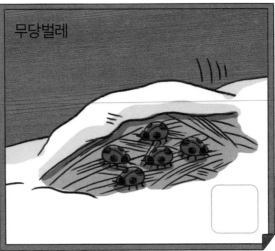

무당벌레

판단

친구들이 식물의 겨울나기 방법에 대해 이야기하고 있어요. 친구의 말이 맞으면 ○표를, 틀리면 ✕표를 색칠하세요.

겨울에는 따뜻하라고 나뭇잎이 무성해져.

겨울에는 물을 아끼려고 나뭇잎을 떨어뜨려.

겨울눈은 얼지 않도록 솜털이나 비늘로 덮여 있어.

꽃처럼 예쁜 겨울눈을 꽃눈이라고 불러.

식물의 겨울눈은 눈이 오면 꽁꽁 얼어.

풀은 겨울이 되면 모두 말라 죽어.

주제 다지기

> **정보**
> 💬 식물이 겨울을 나는 여러 방법이에요. ( ) 안에 들어갈 알맞은 말을 찾아 줄로 이으세요.

쑥은 잎, 줄기, 꽃은 죽고
(   )로 겨울을 나요. •

겨울눈

목련은 나뭇가지에 달린
(   )으로 겨울을 나요. •

뿌리

해바라기는 모두 말라 죽고
(   )로 겨울을 나요. •

씨

냉이는 (   )을 넓게
펼치고 겨울을 나요. •

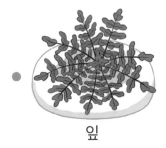

잎

정리

🔵🔵🔵 빈칸에 알맞은 말을 넣어 이 글을 정리하세요.

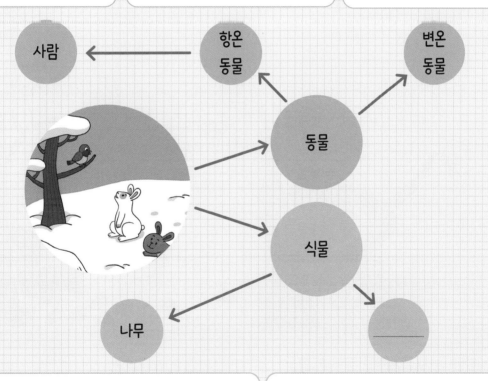

• 두꺼운 이불, 커튼,
  옷, 모래, 소금 준비
• 김장
• 난방 기구와 소화기
  점검

• 곰, 다람쥐, 박쥐: 먹이를 잔뜩
  먹고 겨울잠을 자요.
• 토끼, 청설모, 참새: 털갈이를
  하고 몸집을 키워요.
• _____: 따뜻한 곳으로
  떠나요.

• 개구리, 두꺼비, 뱀: 땅속에
  서 겨울잠을 자요.
• _____: 대부분 한
  해 동안 살지만, 알, 애벌
  레, 번데기, 어른벌레 등의
  형태로 겨울을 나기도 해요.

사람 ← 항온동물

변온동물

동물

식물

나무

_____

• 물을 아끼려고 _____을 떨어뜨려요.
• 이듬해 봄에 돋아날 새잎이나 꽃이 들어 있는
  겨울눈을 만들어요.

• 해바라기, 나팔꽃, 벼: _____로
  겨울을 나는 한해살이 식물이에요.
• 달맞이꽃, 냉이: _____에 붙어
  자라는 방석 식물이에요.
• 국화, 쑥: 뿌리로 겨울을 나는 여러해살이
  식물이에요.

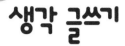

생각 글쓰기

💬 동물에게 겨울은 춥고 배고픈 계절이에요. 동물들이 겨울을 잘 지내도록 도와줄 방법을 쓰세요.

💬 식물은 여러 가지 모습으로 겨울을 나요. 만약 내가 겨울을 보내야 하는 식물이라면 어떤 마음일지 상상해서 쓰세요.

글쓰기 비법

어휘	• 재미있는 말
	• 계절과 관련된 낱말
문법	• '되다, 아니다'가 들어 있는 문장
글쓰기	• 동시

어휘 +
재미있는 말

💬 만화를 보면서, 재미있는 말이 무엇인지 알아보세요.

머리에 쏙

'재미있는 말'은 여러 번 반복되는 말이나 소리, 모양, 동작 따위를 흉내 내는 말이에요.
예 주룩주룩, 쌩쌩, 모락모락, 졸졸졸, 동동동, 나풀나풀, 사뿐사뿐

112

💬 빈칸에 알맞은 재미있는 말을 보기 에서 찾아 번호를 쓰세요.

① 알록달록　② 나풀나풀　③ 반짝반짝
④ 파릇파릇　⑤ 쌩쌩　⑥ 졸졸

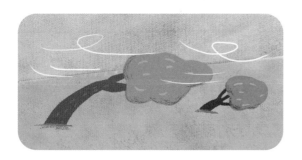

바람이 _____ 불어요.

나비가 _____ 날아요.

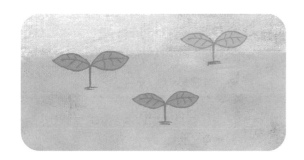

새싹이 _____ 돋아요.

꽃이 _____ 피어요.

시냇물이 _____ 흘러요.

별이 _____ 빛나요.

어휘 +
재미있는 말

💬 나무 이름과 어울리는 재미있는 말을 ☐에서 찾아 ◯표 하세요.

덜덜 / 졸졸 떠는 사시나무

방귀 쨍쨍 / 뽕뽕 뽕나무

바람 펑펑 / 솔솔 소나무

뾰족뾰족 / 알록달록 가시나무

💬 ( ) 안에 알맞은 재미있는 말을 찾아 줄로 이으세요.

❶ 포도가 ( ) 달려 있어요. •   • 다닥다닥

❷ 바위에 굴이 ( ) 붙어 있어요. •   • 사뿐사뿐

❸ 고양이가 ( ) 걸어 다녀요. •   • 송이송이

❹ 호랑이 울음소리가 ( ) 울려요. •   • 쩌렁쩌렁

계절과 관련된 낱말

💬 계절과 관련된 낱말이 쓰인 점끼리 번호 순서대로 이어 어떤 모양이 되었는지 말하고, 계절과 관련된 낱말을 더 생각해서 쓰세요.

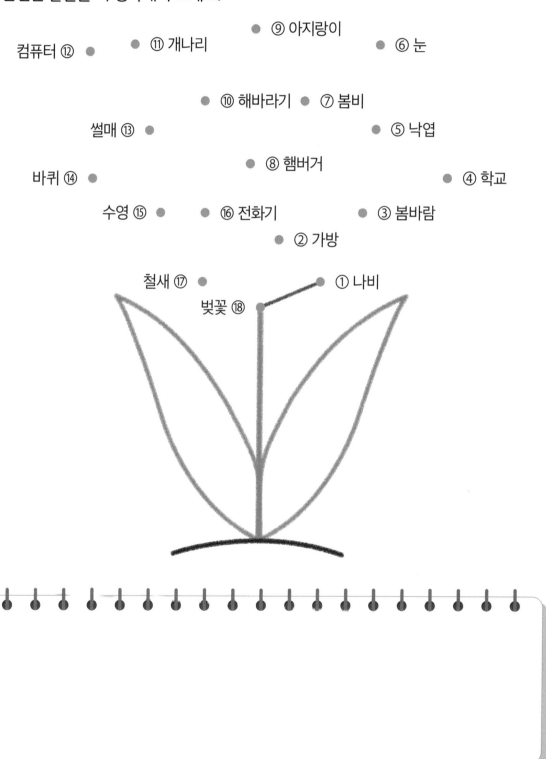

컴퓨터 ⑫
⑪ 개나리
⑨ 아지랑이
⑥ 눈
⑩ 해바라기
⑦ 봄비
썰매 ⑬
⑤ 낙엽
⑧ 햄버거
바퀴 ⑭
④ 학교
수영 ⑮
⑯ 전화기
③ 봄바람
② 가방
철새 ⑰
① 나비
벚꽃 ⑱

문법 +

'되다, 아니다'가 들어 있는 문장

💬 만화를 보고, 빨간색으로 쓰여 있는 문장을 살펴보세요.

머리에 쏙

'되다'와 '아니다'가 들어 있는 문장

'되다'가 들어 있는 문장은 어떤 사람이나 물건이 무엇이 됨을 나타내요.

예 지민이가 초등학생이 되었다.
　　누가　　　무엇이　　　되다

'아니다'가 들어 있는 문장은 어떤 사람이나 물건이 무엇이 아님을 나타내요.

예 지민이는 유치원생이 아니다.
　　누가　　　무엇이　　아니다

'무엇이+무엇이+되다'나 '무엇이+무엇이+아니다'라는 문장을 만들 수 있도록 알맞은 말을
따라 줄로 이으세요.

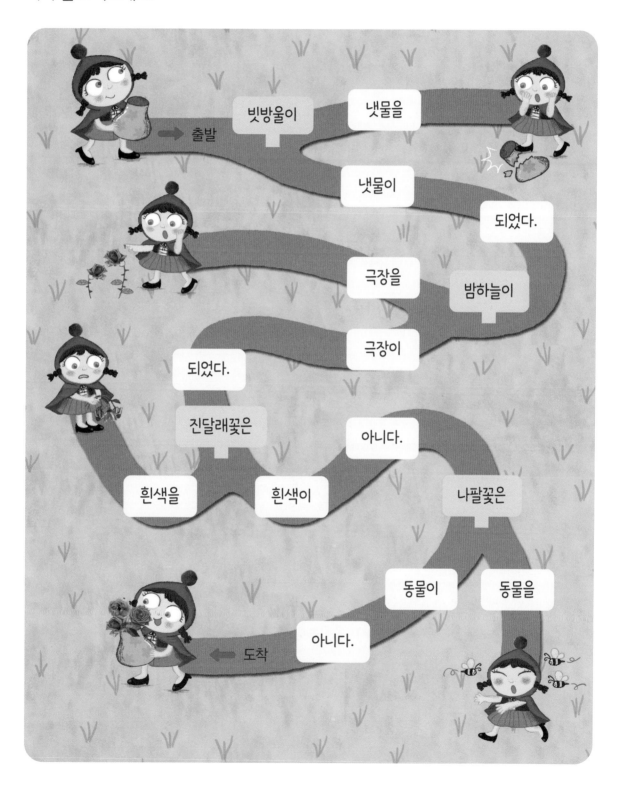

문법 +

'되다, 아니다'가 들어 있는 문장

💬 보기와 같이 '되다'와 '아니다' 바로 앞에 오는 '무엇이'에 해당하는 말에 ○표 하세요.

보기

얼음이 (물이) 됩니다.

① 아이는 어른이 됩니다.

② 들판은 꽃밭이 됩니다.

③ 번데기는 나비가 됩니다.

④ 씨앗은 돌이 아닙니다.

⑤ 벚나무는 곤충이 아닙니다.

💬 보기 와 같이 '무엇이'에 해당하는 말에 ◯표 하세요.

보기

민호는
여자아이가 (◯)
여자아이를 ( )
아닙니다.

❶ 이곳은
수영장을 ( )
수영장이 ( )
아닙니다.

❷ 민호는
돌고래가 ( )
돌고래를 ( )
아닙니다.

❸ 도랑물이
흙탕물이 ( )
흙탕물을 ( )
되었습니다.

❹ 두 사람은
친구가 ( )
친구를 ( )
되었습니다.

❺ 병아리가
닭을 ( )
닭이 ( )
되었습니다.

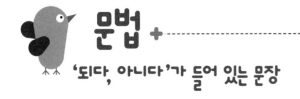

문법 +

'되다, 아니다'가 들어 있는 문장

보기와 같이 밑줄 친 말을 '무엇이'에 해당하는 말로 바르게 고쳐 쓰세요.

보기

삼촌이 <u>군인을</u> 되었습니다.

→ 삼촌이 <u>군인이</u> 되었습니다.

1 꽃밭이 <u>엉망을</u> 되었습니다.

→ 꽃밭이 _____ 되었습니다.

2 선풍기는 <u>장난감을</u> 아닙니다.

→ 선풍기는 _____ 아닙니다.

3 거미는 <u>곤충을</u> 아닙니다.

→ 거미는 _____ 아닙니다.

4 왕자는 <u>괴물을</u> 되었습니다.

→ 왕자는 _____ 되었습니다.

5 민호는 <u>초등학생을</u> 되었습니다

→ 민호는 _____ 되었습니다.

그림을 보고, 빈칸에 알맞은 말을 보기 에서 찾아 쓰세요.

보기

평상은   되었습니다   동물이   식물이

① 모기는 _____ 아닙니다.

② 옥수수는 _____ 아닙니다.

③ 승우는 배불뚝이가 _____ .

④ _____ 식탁이 되었습니다.

💬 글을 읽고, 이 글에 대하여 바르게 말한 친구를 모두 찾아 ○표 하세요.

둘 다

바다도 푸르고　　바다에 돌 던지고
하늘도 푸르고　　하늘에 침 뱉고

바다도 끝없고　　바다는 벙글
하늘도 끝없고　　하늘은 잠잠

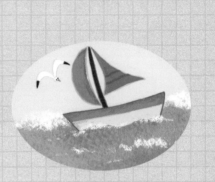

재미있고 쉬운 표현을 썼어요.

문장을 길고 어렵게 썼어요.

소리 내어 읽으면 가락이 느껴져요.

반복되는 말을 써서 재미있게 느껴져요.

 머리에 쏙

이 글은 동시예요. 동시는 어린이가 읽을 수 있도록, 자연이나 일상생활의 경험에서 얻은 생각이나 느낌을 쉽고 재미있는 표현으로 가락이 느껴지게 쓴 글이에요.

💬 다음은 동시의 내용이에요. 각각 어떤 말인지 알맞게 줄로 이으세요.

| 바다는 벙글 | • | • | 같은 말이 반복되어 재미있게 느껴지는 말 |

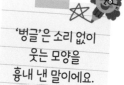

'벙글'은 소리 없이 웃는 모양을 흉내 낸 말이에요.

| 바다도 푸르고 하늘도 푸르고 | • | • | 웃는 모양을 흉내 내어 재미있게 느껴지는 말 |

💬 보기 와 같이 반복되는 말을 써서 재미있게 나타내세요.

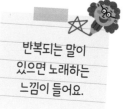

반복되는 말이 있으면 노래하는 느낌이 들어요.

보기

바다와 하늘은 끝없고 ➡ 바다도 끝없고, 하늘도 끝없고

엄마와 아빠는 웃고 ➡ _____

💬 보기 와 같이 흉내 내는 말을 써서 재미있게 나타내세요.

보기

파도가 쳐요. ➡ 파도가 철썩철썩 쳐요.

구름이 떠가요. ➡ _____

머리에 쏙

동시를 쓸 때 같은 말을 여러 번 반복하거나 소리, 모양, 동작을 흉내 내는 말을 쓰면, 더 재미있게 나타낼 수 있어요.

글쓰기 + 동시

💬 사물을 사람인 것처럼 나타낸 친구에게 ◯표 하세요.

 해바라기가 피었어.

 해바라기가 활짝 웃고 있어.

 해바라기가 사람처럼 웃는다고 했어요.

💬 보기 와 같이 사물을 사람인 것처럼 나타내세요.

보기

깃발이 펄럭인다. ➡ 깃발이 춤을 춘다.

시냇물이 흐른다. ➡ _____

💬 주변에 있는 사물 중에서 하나를 골라 사람인 것처럼 나타내세요.

| 사물 | _____ |
| 사람인 것처럼 나타내기 | _____ |

 머리에 쏙

동시를 쓸 때 동물이나 식물, 사물처럼 사람이 아닌 것을 사람인 것처럼 나타내면 동시의 내용이 더 재미있어요.

124

💬 사물을 다른 사물에 빗대어 나타낸 친구에게 ◯표 하세요.

계곡물이
시원해요.

계곡물이
냉장고처럼
시원해요.

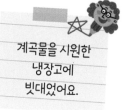
계곡물을 시원한
냉장고에
빗대었어요.

💬 보기 와 같이 사물을 다른 사물에 빗대어 나타내세요.

보기

달콤한 수박 ➡ 꿀처럼 달콤한 수박

빗대어 나타낼
때는 두 사물의
닮은 점을
잘 떠올려 봐요.

꼬불꼬불한 머리 ➡ _____

💬 동시를 쓰기 위해 요즘 있었던 일 중 한 가지를 쓰세요.

_____

💬 그때 어떤 점이 가장 기억에 남는지 쓰세요.

_____

_____

 머리에 쏙

사물의 닮은 점을 들어서 빗대어 나타낼 때는 '처럼'이나 '같이', '같은'을 넣어서 써요.

글쓰기+
동시

💬 125쪽에 쓴 내용과 아래 동시를 바탕으로 동시를 쓰세요.

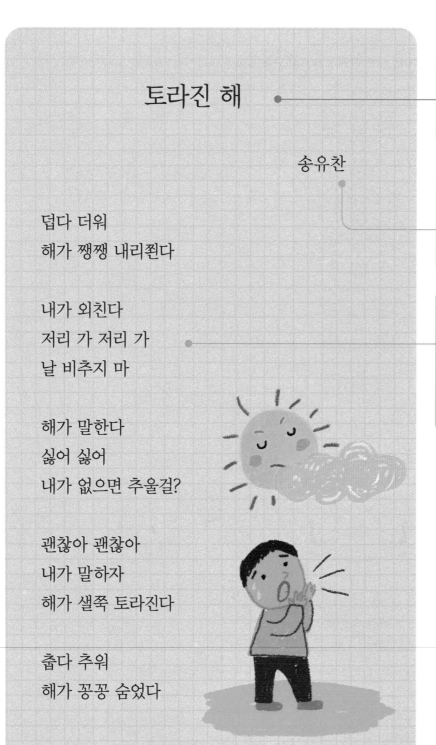

토라진 해 ●

송유찬

덥다 더워
해가 쨍쨍 내리쬔다

내가 외친다
저리 가 저리 가 ●
날 비추지 마

해가 말한다
싫어 싫어
내가 없으면 추울걸?

괜찮아 괜찮아
내가 말하자
해가 샐쭉 토라진다

춥다 추워
해가 꽁꽁 숨었다

동시의 내용을
잘 나타낼 수 있는
제목을 써.

누가 썼는지
알 수 있게
이름을 써.

재미있는 말을
넣어서 쓰고,
사물을 사람인 것처럼
나타내거나 다른 사물에
빗대어 나타내.

자신이 경험한 일과
그때의 감정을
떠올리면
동시를 쉽게
쓸 수 있어요.

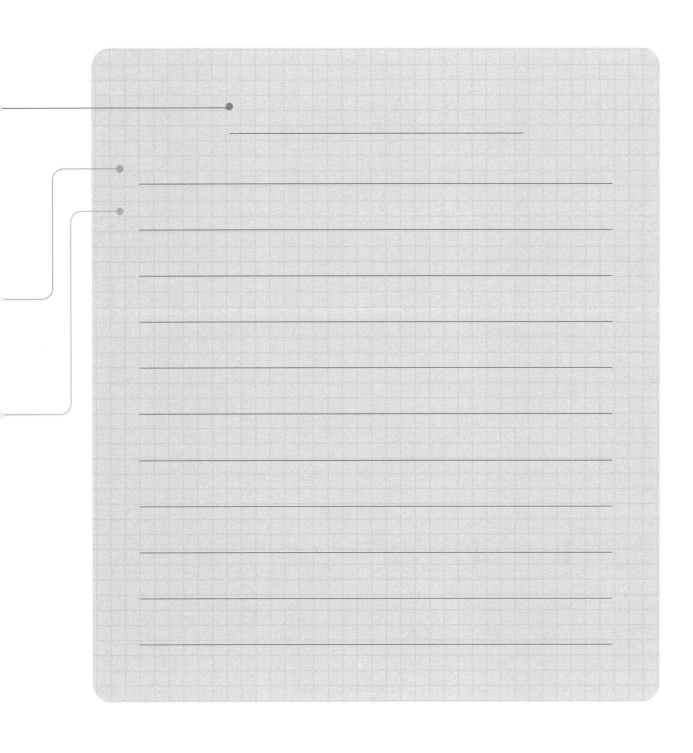

 확인 꾹

생각이나 감정을 재미있게 썼나요?   (예 / 아니요)
반복하는 말이나 흉내 내는 말을 썼나요?   (예 / 아니요)
사물을 사람인 것처럼 나타내거나 다른 사물에 빗대어 썼나요?   (예 / 아니요)

MEMO

메가스터디BOOKS

교과 주제로 시작하는

초등 메가
독서 논술

2022 개정
교육과정 반영
개정증보판

정답 및 예시 답안

초등 | 1~2학년 | 사계절의 모습

A 2

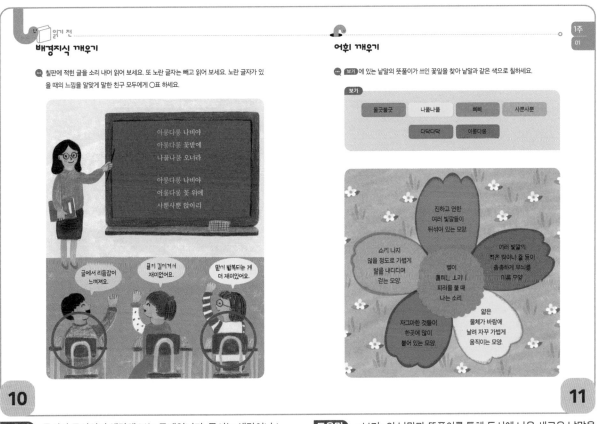

생각 깨우기

💬 '봄' 하면 어떤 것이 떠오르나요? 봄과 관련된 말을 생각나는 대로 쓰세요.

예 봄비, 새싹, 아지랑이, 개나리, 진달래, 봄바람, 꽃밭, 소풍 등.

8

💬 말의 느낌을 생각하며 큰 소리로 한 번, 박수치며 노래하듯 한 번 읽으세요.

풀 꺾어 　머리 하고
가지 꺾어 　비녀 꽂고
앞산에 핀 　빨간 꽃아
뒷산에 핀 　노란 꽃아
빨간 꽃은 　치마 짓고
노란 꽃은 　저고리 짓고

〈풀각시 만들며〉(인형 놀이를 하며 부르던 노래)

9

도움말 봄의 특징을 생각해 보는 문제입니다. 봄이 되면 무엇을 많이 볼 수 있는지 떠올려 보게 하고, 아이가 어려워하면 제시된 그림을 보며 이야기를 나눠 주세요.

도움말 시를 읽는 방법을 알아보는 문제입니다. 아이에게 박수를 치며 시를 노래하듯이 읽어 보게 하세요. 소리를 강하게 또는 약하게, 길게 또는 짧게, 높게 또는 낮게 내면 시를 노래하듯이 읽을 수 있습니다.

배경지식 깨우기

💬 칠판에 적힌 글을 소리 내어 읽어 보세요. 또 노란 글자는 빼고 읽어 보세요. 노란 글자가 있을 때의 느낌을 알맞게 말한 친구 모두에게 ○표 하세요.

아롱다롱 나비야
아롱다롱 꽃밭에
나풀나풀 오너라

아롱다롱 나비야
아롱다롱 꽃 위에
사뿐사뿐 앉아라

글에서 리듬감이 느껴져요.

글이 길어져서 재미있어요.

말이 반복되는 게 더 재미있어요.

10

어휘 깨우기

💬 보기에 있는 낱말의 뜻풀이가 쓰인 꽃잎을 찾아 낱말과 같은 색으로 칠하세요.

보기

울긋불긋 　나풀나풀 　삐삐 　사뿐사뿐

다닥다닥 　아롱다롱

진하고 연한
여러 빛깔들이
뒤섞여 있는 모양.

소리 나지
않을 정도로 가볍게
발을 내디디며
걷는 모양.

여러 빛깔의
작은 점이나 줄 등이
촘촘하게 무늬를
이룬 모양.

벌이
흘리며 느끼고
피리를 불 때
나는 소리.

자그마한 것들이
한곳에 많이
붙어 있는 모양.

얇은
물체가 바람에
날려 자꾸 가볍게
움직이는 모양.

11

도움말 동시가 무엇인지 생각해 보는 문제입니다. 동시는 생각이나 느낌을 짧은 문장으로 표현한 것으로, 같은 말이 반복되어 노래 부르는 듯한 느낌이 들고, 흉내 내는 말이 들어 있어 재미있게 느껴집니다.

도움말 〈보기〉의 낱말과 뜻풀이를 통해 동시에 나올 새로운 낱말을 익힙니다.

아롱다롱 나비야

목일신

아롱다롱
여러 빛깔의 작은 점이나 줄 등이 촘촘하게 무늬를 이룬 모양.

나풀나풀
얇은 물체가 바람에 날려 자꾸 가볍게 움직이는 모양.

사뿐사뿐
소리 나지 않을 정도로 가볍게 발을 내디디며 걷는 모양.

복사꽃
복숭아꽃.

*아롱다롱 나비야
아롱다롱 꽃밭에
*나풀나풀 오너라.
붉은 꽃이 웃는다.
노랑 꽃이 웃는다.
앞뜰 위에 홀로 핀
*복사꽃이 웃는다.
너를 보고 웃는다.

아롱다롱 나비야
아롱다롱 꽃 위에
*사뿐사뿐 앉아라.
송이송이 꽃 속에
고이고이 잠들어
붉은 꿈을 꾸어라.
노랑 꿈을 꾸어라.
오색 꿈을 꾸어라.

짚음속 앞뜰에 홀로 핀 꽃은 무엇인가요?
☑ 복사꽃 ☐ 해바라기꽃

12

내용 확인

1 이 시의 배경은 어디인지 고르세요. (2)
① 냇가 ② 꽃밭 ③ 곤충 박물관 ④ 소나무 숲

2 다음 빈칸에 들어갈 말을 이 시에서 찾아 쓰세요.

진달래, 개나리, 매화가 아 롱 다 롱 , 울긋불긋 고운 빛깔을 뽐내요.

한 소년이 발걸음도 가볍게 사 뿐 사 뿐 걸어요.

엄마 품에 안긴 아기가 고 이 고 이 잠들어 있어요.

3 이 시의 내용과 어울리는 낱말을 골라 ○표 하세요.

겨울 장마 (봄) 낙엽 태풍

13

주제 다지기

주제
😊 동시 '아롱다롱 나비야'는 무엇을 이야기하고 있나요? 글자 카드에서 알맞은 글자를 찾아 빈칸에 쓰세요.

| 크 | 타 | 꽃 | 여 | 규 |
| 나 | 비 | 정 | 소 | 한 |

동시 '아롱다롱 나비야'는

나 비 와 꽃 이 있는

봄의 아름다움을 노래하고 있어요.

내용
● 흉내 내는 말이나 반복되는 말이 나오면 동시가 더 재미있어요. 빈칸에 알맞은 재미있는 말을 쓰세요.

아롱다롱 나비야
아롱다롱 꽃밭에
나풀나풀 오너라.

아롱다롱 나비야
아롱다롱 꽃 위에
사뿐사뿐 앉아라.

송이송이 꽃 속에
고이고이 잠들어
붉은 꿈을 꾸어라.

14

생각 글쓰기

😊 동시에 나온 나비가 붉은 꿈, 노랑 꿈, 오색 꿈을 꾸었어요. 어떤 꿈일지 상상해서 쓰세요.

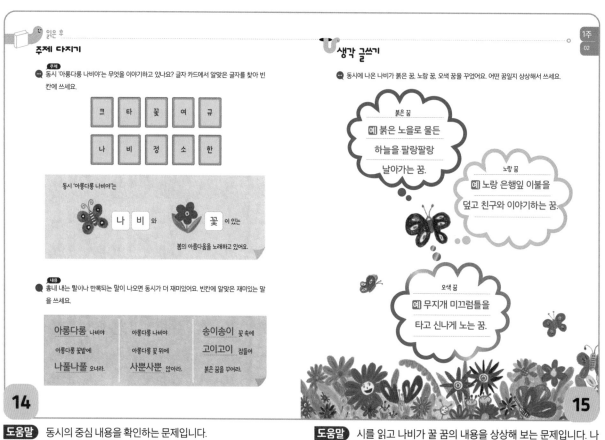

붉은 꿈
예 붉은 노을로 물든 하늘을 팔랑팔랑 날아가는 꿈.

노랑 꿈
예 노랑 은행잎 이불을 덮고 친구와 이야기하는 꿈.

오색 꿈
예 무지개 미끄럼틀을 타고 신나게 노는 꿈.

15

도움말 동시의 중심 내용을 확인하는 문제입니다.
도움말 동시에 나오는 재미있는 말을 알아보는 문제입니다. 나비나 꽃의 생김새, 나비의 움직임 등을 떠올려 보게 하세요.

도움말 시를 읽고 나비가 꿀 꿈의 내용을 상상해 보는 문제입니다. 나비의 입장이 되어 상상해 볼 수 있게 지도해 주세요.

봄바람

이병휘

릴레
5월에 흰 꽃을 피우는 키 작은 나무.

삐삐
볏과의 여러해살이풀인 띠의 어린 꽃이삭. 삘기가 올바른 표현이며 단맛이 난다.

봄바람 마시며 노래 부르자
산과 들로 나가서 노래 부르자
찔레 먹고 찔찔찔
삐삐 먹고 삐삐삐
기분 좋구나
종달새도 좋다고 노래 부른다
하늘 향해 신나게 노래 부르자.

봄바람 맞으며 노래 부르자
냇가로 나가서 노래 부르자
달래 먹고 달달달
냉이 먹고 냉냉냉
상쾌하구나
참새도 좋다고 노래 부른다
해님 보며 즐겁게 노래 부르자.

짚어보기 어떤 새가 좋아서 노래 부른다고 했나요?
☐ 제비와 까치 ☑ 종달새와 참새

16

내용 확인

1 이 시에서 나온 장소가 아닌 곳에 ○표 하세요.

(산) (바다 ○) (냇가)

2 이 시에 나온 감정끼리 알맞게 짝지은 것을 고르세요. (2)

① 부끄럽다 - 신난다
② 기분 좋다 - 신난다
③ 상쾌하다 - 무섭다
④ 뿌듯하다 - 슬프다

3 이 시를 읽고 느낀 느낌을 이야기한 것으로 가장 알맞은 것에 ○표 하세요.

쌩쌩 바람 부는 소리에 짹짹 울어대는 새소리까지, 너무 시끄러워!	살랑살랑 봄바람을 마시며 즐겁게 노래 부르는 모습에 나도 기분이 좋아!	여기저기 돌아다니며 이것저것 먹어대는 봄바람이 걱정스러워.
( )	(○)	( )

17

주제 다지기

내용
💬 동그라미 안에 쓰인 말과 어울리는 말을 따라 줄을 그어 길을 찾으세요.

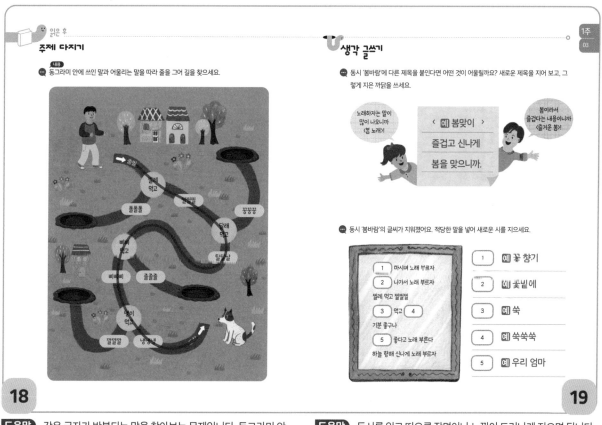

18

생각 글쓰기

💬 동시 '봄바람'에 다른 제목을 붙인다면 어떤 것이 어울릴까요? 새로운 제목을 지어 보고, 그렇게 지은 까닭을 쓰세요.

노래하자는 말이 많이 나오니까 〈봄 노래〉

〈 예 봄맞이 〉
즐겁고 신나게
봄을 맞으니까.

봄이라서 즐겁다는 내용이니까 〈즐거운 봄!〉

💬 동시 '봄바람'의 글씨가 지워졌어요. 적당한 말을 넣어 새로운 시를 지으세요.

1	마시며 노래 부르자
2	나가서 노래 부르자

찔레 먹고 찔찔찔

| 3 | 먹고 | 4 |

기분 좋구나

| 5 | 좋다고 노래 부른다 |

하늘 향해 신나게 노래 부르자

1 예 꽃 향기
2 예 꽃밭에
3 예 쑥
4 예 쑥쑥쑥
5 예 우리 엄마

19

도움말 같은 글자가 반복되는 말을 찾아보는 문제입니다. 동그라미 안에 쓰인 말의 첫 글자가 계속 반복되는 말을 찾아보게 하세요. 같은 글자가 반복되면 말이 재미있어지고, 노래하는 느낌이 듭니다.

도움말 동시를 읽고 떠오른 장면이나 느낌이 드러나게 지으면 됩니다.
도움말 봄과 관련된 소재를 재미있는 말이나 반복되는 말로 표현할 수 있게 지도해 주세요.

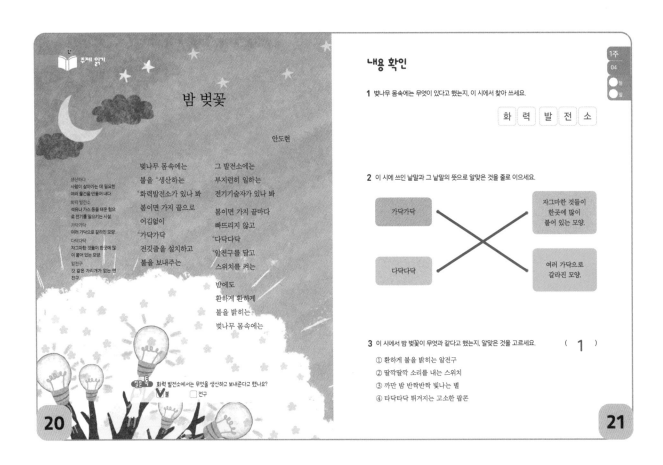

주제 읽기

밤 벗꽃

안도현

생산하다
사람이 살아가는 데 필요한
여러 물건을 만들어 내다
화력 발전소
석유나 가스 등을 태운 힘으
로 전기를 일으키는 시설.
가닥가닥
여러 가닥으로 갈라진 모양.
다닥다닥
자그마한 것들이 한곳에 많
이 붙어 있는 모양.
알전구
갓 같은 가리개가 없는 전
전구.

벗나무 몸속에는
불을 *생산하는
*화력발전소가 있나 봐
봄이면 가지 끝으로
어김없이
*가닥가닥
전깃줄을 설치하고
불을 보내주는

그 발전소에는
부지런히 일하는
전기기술자가 있나 봐
봄이면 가지 끝마다
빠뜨리지 않고
*다닥다닥
*알전구를 달고
스위치를 켜는

밤에도
환하게 환하게
불을 밝히는
벗나무 몸속에는

집중 톡 화력 발전소에서는 무엇을 생산하고 보내준다고 했나요?
☑ 불   ☐ 전구

20

내용 확인

1주
04
●월
●일

1 벗나무 몸속에는 무엇이 있다고 했는지, 이 시에서 찾아 쓰세요.

화 | 력 | 발 | 전 | 소

2 이 시에 쓰인 낱말과 그 낱말의 뜻으로 알맞은 것을 줄로 이으세요.

가닥가닥 ⤬ 자그마한 것들이 한곳에 많이 붙어 있는 모양.

다닥다닥 ⤬ 여러 가닥으로 갈라진 모양.

3 이 시에서 밤 벗꽃이 무엇과 같다고 했는지, 알맞은 것을 고르세요. (1)

① 환하게 불을 밝히는 알전구
② 딸깍딸깍 소리를 내는 스위치
③ 까만 밤 반짝반짝 빛나는 별
④ 타다닥 튀겨지는 고소한 팝콘

21

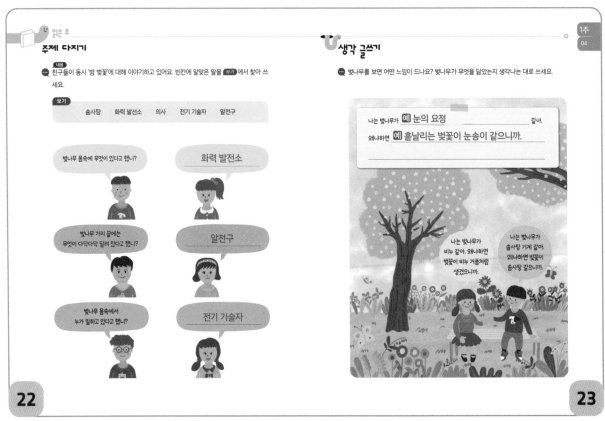

읽은 후

주제 다지기

내용 친구들이 동시 '밤 벗꽃'에 대해 이야기하고 있어요. 빈칸에 알맞은 말을 보기 에서 찾아 쓰세요.

보기 송사탕 화력 발전소 의사 전기 기술자 알전구

벗나무 몸속에 무엇이 있다고 했니? → 화력 발전소

벗나무 가지 끝에는 무엇이 다닥다닥 달려 있다고 했니? → 알전구

벗나무 몸속에서 누가 일하고 있다고 했니? → 전기 기술자

22

생각 글쓰기

벗나무를 보면 어떤 느낌이 드나요? 벗나무가 무엇을 닮았는지 생각나는 대로 쓰세요.

나는 벗나무가 **예** 눈의 요정   같아.
왜냐하면 **예** 흩날리는 벗꽃이 눈송이 같으니까.

나는 벗나무가 비누 같아. 왜냐하면 벗꽃이 비누 거품처럼 생겼으니까.

나는 벗나무가 송사탕 기계 같아. 왜냐하면 벗꽃이 송사탕 같으니까.

23

도움말 시에 담긴 뜻을 확인하는 문제입니다. 동시를 쓸 때는 사물을 사람처럼 나타내거나 닮은 점이 있는 다른 사물에 빗대어 나타내기도 합니다. 사물을 어떻게 나타냈는지 생각하며 읽으면 더 재미있습니다.

도움말 사물을 다른 사물에 빗대어 나타내 보는 활동입니다. 벗나무나 벗꽃이 어떤 사물과 닮았는지 생각해 보게 하세요.

고향의 봄

이원수

산골
외지고 으슥한 깊은 산속.

울긋불긋
진하고 연한 여러 빛깔들이
뒤섞여 있는 모양.

꽃대궐
꽃이 아름답고 화려하게 핀
모양이 마치 대궐과 같음을
이르는 말.

나의 살던 고향은 꽃 피는 *산골
복숭아꽃 살구꽃 아기 진달래
*울긋불긋 *꽃대궐 차린 동네
그 속에서 놀던 때가 그립습니다.

꽃동네 새동네 나의 옛 고향
파란 들 남쪽에서 바람이 불면
냇가에 수양버들 춤추는 동네
그 속에서 놀던 때가 그립습니다.

깜짝퀴즈 봄이 되면 울긋불긋 무엇을 차린 것 같다고 했나요?
☐ 단풍 산 ☑ 꽃대궐

24

내용 확인

1 이 시에 나타난 감정으로 알맞은 것을 고르세요. (1)

① 그리움
② 미안함
③ 부러움
④ 즐거움

2 이 시의 글쓴이에 대해 잘못 이해한 친구를 찾아 ◯표 하세요.

글쓴이는 지금
고향이 아닌 다른 곳에
살고 있나 봐.
( )

글쓴이의 고향은
도시가 아닌 것 같아.
( )

꽃 종류를
많이 아는 걸 보니 글쓴이는
분명 식물학자일 거야!
(◯)

3 파란 들 남쪽에서 바람이 불면 냇가에 '무엇'이 춤을 춘다고 했나요? 알맞은 말을 이 시에서 찾아 쓰세요.

수 양 버 들

25

주제 다지기

판단 동시 '고향의 봄'을 그림으로 그릴 때 필요하지 않은 색깔에 ◯ 하세요.

활짝 핀 복숭아꽃과
살구꽃을 색칠할
분홍색

바람에 흔들리는 들판과
수양버들을 색칠할
초록색

별이 총총 떠 있는
밤하늘을 색칠할
검정색

내용 동시 '고향의 봄'에서 글쓴이가 그리워하는 것을 모두 찾아 색칠하세요.

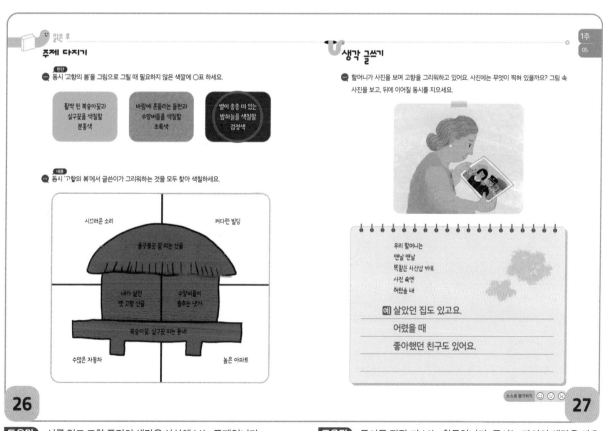

시끄러운 소리
커다란 빌딩
울긋불긋 꽃 피는 산골
내가 살던 옛 고향 산골
수양버들이 춤추는 냇가
복숭아꽃 살구꽃 피는 동네
수많은 자동차
높은 아파트

26

생각 글쓰기

할머니가 사진을 보며 고향을 그리워하고 있어요. 사진에는 무엇이 찍혀 있을까요? 그림 속 사진을 보고, 뒤에 이어질 동시를 지으세요.

우리 할머니는
맨날 맨날
똑같은 사진만 봐요
사진 속엔
어렸을 때

예 살았던 집도 있고요.

어렸을 때

좋아했던 친구도 있어요.

스스로 평가하기 😊 😐 ☹

27

도움말 시를 읽고 고향 풍경의 색감을 상상해 보는 문제입니다.

도움말 동시를 읽으면서 떠오르는 장면들을 생각해 보면 고향 마을의 모습을 쉽게 알 수 있습니다.

도움말 동시를 직접 써 보는 활동입니다. 동시는 자신의 생각을 자유롭게 쓰면 됩니다.

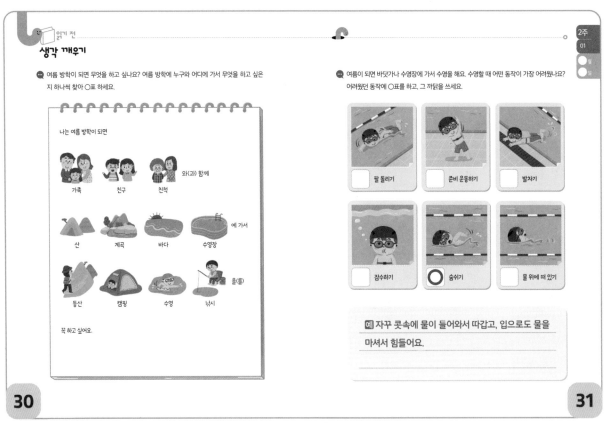

읽기 전 생각 깨우기

여름 방학이 되면 무엇을 하고 싶나요? 여름 방학에 누구와 어디에 가서 무엇을 하고 싶은지 하나씩 찾아 ○표 하세요.

나는 여름 방학이 되면

가족 / 친구 / 친척 와(과) 함께

산 / 계곡 / 바다 / 수영장 에 가서

등산 / 캠핑 / 수영 / 낚시 을(를)

꼭 하고 싶어요.

여름이 되면 바닷가나 수영장에 가서 수영을 해요. 수영할 때 어떤 동작이 가장 어려웠나요? 어려웠던 동작에 ○표를 하고, 그 까닭을 쓰세요.

□ 팔 돌리기 □ 준비 운동하기 □ 발차기

□ 잠수하기 ○ 숨쉬기 □ 물 위에 떠 있기

예 자꾸 콧속에 물이 들어와서 따갑고, 입으로도 물을 마셔서 힘들어요.

도움말 아이가 글에 관심을 갖도록 여름 방학이 되었을 때의 일을 미리 상상해 보는 문제입니다. 아이가 여름 방학에 무엇을 하고 싶은지 함께 계획을 세워 보세요.

도움말 동화의 중심 소재인 수영에 대한 자신의 경험을 떠올려 보는 문제입니다. 이를 통해 동화 속 주인공의 마음을 잘 이해하게 됩니다.

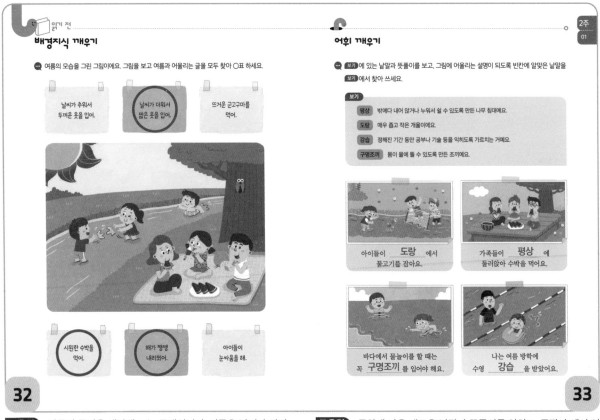

읽기 전 배경지식 깨우기

여름의 모습을 그린 그림이에요. 그림을 보고 여름과 어울리는 글을 모두 찾아 ○표 하세요.

날씨가 추워서 두꺼운 옷을 입어.

날씨가 더워서 짧은 옷을 입어.

뜨거운 군고구마를 먹어.

시원한 수박을 먹어.

해가 쨍쨍 내리쬐어.

아이들이 눈싸움을 해.

어휘 깨우기

보기에 있는 낱말과 뜻풀이를 보고, 그림에 어울리는 설명이 되도록 빈칸에 알맞은 낱말을 보기에서 찾아 쓰세요.

보기
평상 밖에다 내어 앉거나 누워서 쉴 수 있도록 만든 나무 침대예요.
도랑 매우 좁고 작은 개울이에요.
강습 정해진 기간 동안 공부나 기술 등을 익히도록 가르치는 거예요.
구명조끼 몸이 물에 뜰 수 있도록 만든 조끼예요.

아이들이 **도랑** 에서 물고기를 잡아요.

가족들이 **평상** 에 둘러앉아 수박을 먹어요.

바다에서 물놀이를 할 때는 꼭 **구명조끼** 를 입어야 해요.

나는 여름 방학에 수영 **강습** 을 받았어요.

도움말 여름의 특징을 생각해 보는 문제입니다. 여름은 날씨가 어떤지, 여름에는 무엇을 먹고, 무슨 놀이를 하는지 떠올려 보게 하세요.

도움말 동화에 나올 새로운 낱말과 뜻풀이를 익히고, 문장 속에서 어떻게 쓰이는지 알아봅니다.

시골의 여름이 좋아

돼지우리
돼지를 가두어 기르는 곳.
아주 더럽고 지저분한 곳을
빗대어 말할 때도 쓰인다.

물끄러미
우두커니 한곳만 계속 바라
보는 모양.

도랑
매우 좁고 작은 개울.

"어휴, 더워. 에어컨도 없이 어떻게 있어요? 스마트폰도 안 되고, 대문 앞에 있는 *돼지우리에서 이상한 냄새도 난다고요!"

오랜만에 시골 할머니 집에 온 은우는 온 지 한 시간밖에 안 지났는데도 벌써 집에 가고 싶었어요.

은우를 *물끄러미 보던 삼촌이 은우를 집 앞 *도랑으로 데려 갔어요. 도랑에는 뒷산에서 내려온 깨끗한 물이 흘렀지요.

"은우야, 어서 들어와 봐."

망설이던 은우는 조심스럽게 도랑물에 발을 담갔어요.

"우아, 꼭 얼음물 같아."

은우는 시원한 도랑물이 마음에 들었어요. 물속에서 작은 가재 한 마리를 발견한 은우는 재빨리 손을 뻗었지만 결국 가재를 놓치고 말았어요. 하지만 은우는 재미있다고 깔깔 웃었어요.

신나게 놀던 은우는 슬슬 배가 고팠어요.

"삼촌, 과자 없어? 아, 가게가 없으니까 먹을 것도 없겠다."

삼촌은 가까운 수박밭으로 들어가 커다란 수박 하나를 쪼개서 은우에게 내밀었어요. 은우는 놀라서 *눈이 동그래졌어요.

그때 수박밭 옆에 있는 원두막에서 은우를 부르는 소리가 들렸 어요. 할머니와 엄마가 김이 모락모락 나는 찐 옥수수와 밭에서 금방 뽑은 부추와 양파로 만든 부침개를 차려 놓고 은우를 기다 리고 있었지요.

"엄마, 수박은 달콤하고, 옥수수는 쫀득쫀득하고, 부침개는 고 소해요. 모두 정말 맛있어요. 꼭 뷔페에 온 것 같아요. 할머니 최고!"

할머니는 맛있게 먹는 은우를 보고 *함박웃음을 지었어요.

눈이 동그래지다
몹시 놀라거나 이상하고 의
심스러워 눈을 크게 뜨다.

함박웃음
크고 환하게 웃는 웃음.

꼼꼼 체크 은우는 도랑에서 무엇을 잡으려 했나요?
☑ 가재　☐ 개구리

꼼꼼 체크 은우는 원두막에서 무엇을 먹었나요?
☑ 수박, 옥수수, 부침개　☐ 피자, 치킨

34

35

평상
밖에다 내어 앉거나 드러누
워 쉴 수 있도록 만든 나무
침대.

정겹다
정이 넘칠 정도로 매우 다
정하다.

저녁을 먹고 은우와 삼촌은 *평상 위에 앉았어요. 밤하늘은 까맣고 주변은 조용했지요. 가끔씩 풀벌레 소리만 들렸어요.

"은우야, 삼촌이 멋진 영화 보여 줄까?"

"에이, 스마트폰 안 되는데 어떻게 영화를 봐."

"삼촌 옆에 누워서 하늘 한번 볼래?"

하늘을 올려다본 은우는 별이 쏟아져 내리는 것 같아 깜짝 놀 랐어요. 게다가 귓가에 들리는 개구리 소리며 풀벌레 소리는 *정 겹기만 했지요.

"삼촌, 시골의 여름도 좋은 거 같아. 오늘 진짜 재미있었어. 에어 컨이 없어도 시원하고, 가게가 없어도 먹을 게 많고, 스마트폰 이 안 돼도 밤하늘이 극장 같잖아."

문득 은우는 아까 이것저것 투정을 부린 게 미안해졌어요.

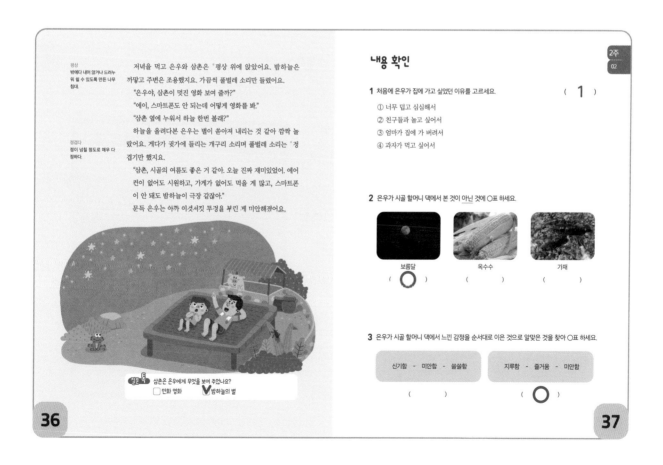

꼼꼼 체크 삼촌은 은우에게 무엇을 보여 주었나요?
☐ 만화 영화　☑ 밤하늘의 별

36

내용 확인

2주
02

1 처음에 은우가 집에 가고 싶었던 이유를 고르세요.　(1)

① 너무 덥고 심심해서
② 친구들과 놀고 싶어서
③ 엄마가 집에 가 버려서
④ 과자가 먹고 싶어서

2 은우가 시골 할머니 댁에서 본 것이 아닌 것에 ○표 하세요.

보름달　　　옥수수　　　가재
(○)　　　(　)　　　(　)

3 은우가 시골 할머니 댁에서 느낀 감정을 순서대로 이은 것으로 알맞은 것을 찾아 ○표 하세요.

신기함 - 미안함 - 쓸쓸함　　　지루함 - 즐거움 - 미안함
(　)　　　　　　　　(○)

37

주제 다지기

배경
은우가 할머니 집을 찾아가려고 해요. 할머니가 사는 마을에서 보거나 간 곳만 따라 줄을 그어 길을 찾으세요.

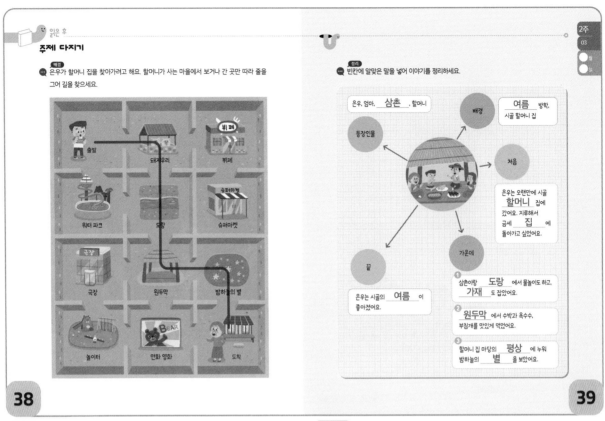

정리
빈칸에 알맞은 말을 넣어 이야기를 정리하세요.

은우, 엄마, **삼촌**, 할머니

등장인물

배경

여름 방학,
시골 할머니 집

처음

은우는 오랜만에 시골
할머니 집에
갔어요. 지루해서
금세 **집** 에
돌아가고 싶었어요.

가운데

① 삼촌이랑 **도랑** 에서 물놀이도 하고,
가재 도 잡았어요.

② **원두막** 에서 수박과 옥수수,
부침개를 맛있게 먹었어요.

③ 할머니 집 마당의 **평상** 에 누워
밤하늘의 **별** 을 보았어요.

끝

은우는 시골의 **여름** 이
좋아졌어요.

도움말 동화의 배경이 되는 장소를 알아보는 문제입니다. 주인공이 할머니 집에 가서 한 일을 떠올려 보면 실제 간 장소와 생각 속의 장소를 쉽게 구별할 수 있습니다.

도움말 글을 도식화하여 요약 정리해 보는 문제입니다. 내용이 기억나지 않으면 글을 다시 읽어 보면서 알맞은 내용을 쓰도록 지도해 주세요.

생각 글쓰기

은우는 처음에는 시골이 싫었지만 시간이 지나면서 생각이 바뀌었어요. 은우의 생각이 어떻게 바뀌었는지 빈칸에 알맞은 내용을 쓰세요.

에어컨이 없어도
도랑에서 물놀이를 하면
정말 시원해.

스마트폰이 안 돼도
예 멋진 풍경과 놀거리가
많아서 심심하지 않아.

가게가 없어도
예 맛있는 과일과 싱싱한
채소 덕분에 먹을 게 많아.

은우가 여름 방학에 할머니 집에 친구들을 초대하려고 해요. 은우를 대신해서 초대장을 만드세요.

여름 방학에 우리 할머니 집으로 놀러 와!

물놀이를 할 수
있지!

할머니 집은 이런 점이 가장 좋아!
예 시원한 도랑물이 흐르고, 경치가 아름다워.

이런 것을 할 수 있어!
예 도랑에서 물놀이하고 가재 잡기, 들에서 곤충 잡기,
밤하늘의 별 보기.

이런 것을 먹을 수 있어!
예 달콤한 수박과 옥수수, 싱싱한 채소로 만든 부침개.

시골은 공기가
깨끗하고 맑아!

시골은 도시보다 가게도 적고
없는 게 많아서 불편해!

도움말 글의 내용을 주인공의 입장에서 정리해 보는 활동입니다. 상상해서 쓰기보다는 글에 나온 내용을 바탕으로 근거를 가지고 쓰게 하세요.

도움말 글에 나온 내용을 확장해서 적용해 보는 활동입니다. 주인공이 할머니 집에 가서 어떤 것을 했는지 잘 떠올려 본 뒤, 자신의 상상을 덧붙여 쓰게 하세요.

얘들아, 물놀이 가자!

무더운 여름 방학, 가만히 있어도 땀이 주룩주룩 흘러내렸어요. 민호는 단짝 친구인 경수, 유민이와 함께 더위를 식히러 물놀이장에 놀러 갔어요. 준비 운동을 마친 민호는 *구명조끼를 입고, 튜브까지 낀 채로 물속에 들어가 *물장구를 쳤어요. 그런데 경수와 유민이는 튜브도 없이 멋지게 수영을 하는 거예요.

"민호야, 빨리 와."

민호는 튜브를 타고 움직이니 느려서 친구들과 함께 놀 수가 없었어요. 친구들을 쫓아다니는 것도 힘들었지요. 민호는 물놀이를 마치고 돌아오는 길에 굳게 결심했어요.

'꼭 수영을 배워서 튜브 없이 물놀이를 할 거야.'

구명조끼
몸이 물에 뜰 수 있도록 만든 조끼.

물장구
헤엄칠 때 발등으로 물 위를 잇따라 치는 일.

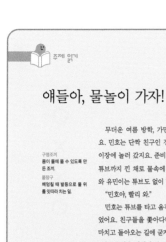

정답톡 민호는 친구들과 어디로 놀러 갔나요?
☑ 물놀이장 ☐ 놀이공원

42

수영 *강습 첫날, 민호는 씩씩하게 수영장 안으로 들어섰어요.

"네가 민호구나! 우리 잘해 보자!"

선생님이 웃는 얼굴로 민호를 반겼어요.

"저 정말 잘할 수 있어요. 그동안 물놀이를 많이 해 봤거든요."

"그래? 그럼 조금만 배워도 잘하겠네. 자, 일단 준비 운동부터 시작할까?"

선생님의 *격려에 민호는 자신감이 더욱 커졌어요. 하지만 수영 연습은 마음대로 되지 않았어요. 첫날이라 발차기만 배웠는데도 제대로 하기 힘들었거든요. 민호는 잘할 수 있을 거라 기대했던 만큼 실망도 컸어요. 게다가 집에 가는 길에 갑자기 소나기가 내려 옷도 흠뻑 젖어 버렸어요.

'아이 참, 속상해. 비까지 맞다니 울고 싶어. 여름은 정말 싫어.'

강습
정해진 기간 동안 공부나 기술 등을 익히도록 가르치는 일.

격려
용기나 의욕이 솟아나도록 북돋워 줌.

정답톡 소나기를 맞았을 때 민호는 기분이 어땠나요?
☑ 속상했어요 ☐ 시원했어요

43

다음 날, 민호는 *각오를 단단히 하고 수영장에 들어섰어요.

"자, 오늘은 물속에서 숨쉬기를 연습할 거야."

민호는 물속으로 풍덩 뛰어들었어요. 그런데 발이 바닥에 닿지 않자 몹시 당황해서 팔다리를 *버둥거리며 소리를 질렀어요.

"으악!"

"민호야, 보조 기구를 찼으니까 가라앉지 않아. 걱정하지 마."

물에 빠질까 봐 무서웠던 민호는 창피했어요.

"자, 물속에 들어가면 '음', 밖으로 나오면 '파' 하면서 숨을 쉬는 거야. 할 수 있지?"

"음, 파, 음, 파."

민호는 열심히 숨쉬기 연습을 했어요. 친구들한테 수영하는 모습을 빨리 뽐내고 싶었거든요. 멋지게 물살을 가르는 모습을 상상

각오
앞으로 해야 할 일이나 겪을 일에 대한 마음의 준비.

버둥거리다
덩치가 큰 것이 매달리거나 주저앉아 팔다리를 내저으며 자꾸 움직이다.

정답톡 민호는 물속에서 무슨 연습을 했나요?
☑ 숨쉬기 ☐ 발차기

44

하며 쉬지 않고 연습했지요.

그렇게 여러 날이 지났지만, 민호의 수영 실력은 별로 늘지 않았어요. 여전히 숨쉬기, 발차기, 양팔 돌리기 중 쉽게 할 수 있는 게 하나도 없었어요. 민호는 울음이 나올 것 같았어요.

'아, 그냥 친구들이랑 바닷가에 가지 말까? 난 정말 수영에 *소질이 없나 봐.'

민호가 멍하니 앉아 있는데 눈앞으로 아이스크림이 쑥 나왔어요. 고개를 들어 보니 수영 선생님이었어요.

"민호야, 힘들지? 처음에는 누구나 어려워. 머릿속으로 수영 방법을 떠올리며 연습하다 보면 잘하게 될 거야. 힘내!"

선생님의 따뜻한 위로 덕분에 민호는 수영 배우는 걸 포기하지 않기로 결심했어요. 그래서 수업이 끝난 뒤에도 남아서 열심히 연습을 했지요.

소질
타고난 능력이나 기질.

정답톡 선생님은 민호에게 힘내라며 무엇을 주었나요?
☑ 아이스크림 ☐ 초콜릿

45

9

여름 방학이 끝나 갈 무렵, 민호네, 경수네, 유민이네 가족은 다 같이 바닷가에 놀러 갔어요. 민호와 경수, 유민이는 준비 운동을 마치고 구명조끼를 입었어요.

"얘들아, 준비됐어? 빨리 수영하러 가자."

민호는 바닷물 속으로 들어가더니 쉭쉭 소리를 내며 힘차게 앞으로 나아갔어요.

"우아, 민호 너 진짜 연습 많이 했구나?"

경수와 유민이는 깜짝 놀랐어요. 이제 둘이서 민호를 쫓아다녀야 했거든요. 해가 쨍쨍 내리쬐었지만 민호는 하나도 짜증나지 않았어요. 맘껏 수영할 수 있는 여름이 정말 좋아졌으니까요.

민호는 여름에 대한 마음이 어떻게 바뀌었나요?
☑ 좋아졌어요   ☐ 짜증났어요

46

내용 확인

1 이 글의 내용과 맞으면 ○표, 틀리면 ✕표를 하세요.

민호와 경수, 유민이는 단짝 친구예요.	○
민호는 수영 강습 첫날부터 수영을 잘했어요.	✕
민호는 여름이 끝날 때까지 수영 실력이 하나도 늘지 않았어요.	✕
경수와 유민이는 민호의 수영 실력에 깜짝 놀랐어요.	○

2 다음 보기 의 뜻에 해당하는 알맞은 낱말을 빈칸에 넣어 문장을 완성하세요.

보기

여름에 갑자기 세차게 쏟아지다가 곧 그치는 비.

집에 가는 길에 [소][나][기] 가 내려 옷도 흠뻑 젖어 버렸어요.

3 수영 선생님이 민호에게 한 말이 **아닌** 것을 고르세요.   (2)

① 처음에는 누구나 어려워.
② 너는 수영에 소질이 있으니까 연습 안 해도 잘할 거야!
③ 머릿속으로 수영 방법을 떠올리며 연습해 봐.
④ 네가 민호구나! 우리 잘해 보자!

47

읽은 후

주제 다지기

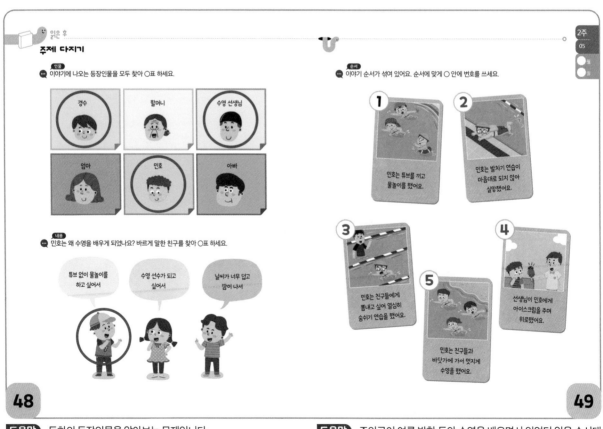

인물 이야기에 나오는 등장인물을 모두 찾아 ○표 하세요.

| ⭕ 경수 | 할머니 | ⭕ 수영 선생님 |
| 엄마 | ⭕ 민호 | 아빠 |

내용 민호는 왜 수영을 배우게 되었나요? 바르게 말한 친구를 찾아 ○표 하세요.

⭕ 튜브 없이 물놀이를 하고 싶어서

수영 선수가 되고 싶어서

날씨가 너무 덥고 땀이 나서

순서 이야기 순서가 섞여 있어요. 순서에 맞게 ○ 안에 번호를 쓰세요.

1 민호는 튜브를 끼고 물놀이를 했어요.

2 민호는 발차기 연습이 마음대로 되지 않아 실망했어요.

3 민호는 친구들에게 뽐내고 싶어 열심히 숨쉬기 연습을 했어요.

4 선생님이 민호에게 아이스크림을 주며 위로했어요.

5 민호는 친구들과 바닷가에 가서 멋지게 수영을 했어요.

48   **49**

도움말 동화의 등장인물을 알아보는 문제입니다.

도움말 사건이 일어나게 된 원인을 알아보는 문제입니다. 동화의 앞부분을 읽어 보면 알 수 있습니다.

도움말 주인공이 여름 방학 동안 수영을 배우면서 있었던 일을 순서대로 정리하는 문제입니다. 일어난 일을 시간에 따라 차례차례 떠올려 보게 하세요.

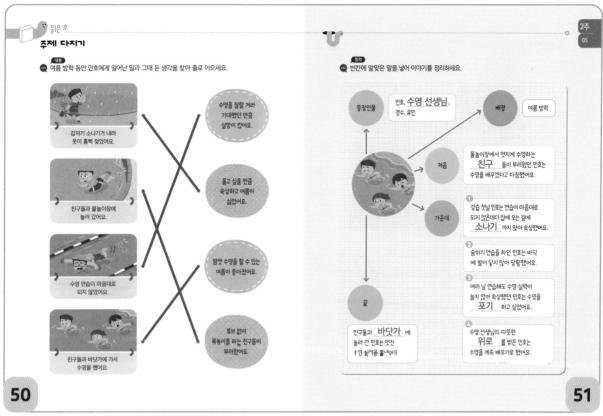

주제 다지기

내용
여름 방학 동안 민호에게 일어난 일과 그때 든 생각을 찾아 줄로 이으세요.

갑자기 소나기가 내려 옷이 흠뻑 젖었어요.

친구들과 물놀이장에 놀러 갔어요.

수영 연습이 마음대로 되지 않았어요.

친구들과 바닷가에 가서 수영을 했어요.

수영을 잘할 거라 기대했던 만큼 실망이 컸어요.

울고 싶을 만큼 속상하고 여름이 싫었어요.

맘껏 수영을 할 수 있는 여름이 좋았어요.

튜브 없이 목놀이를 하는 친구들이 부러웠어요.

50

정리
빈칸에 알맞은 말을 넣어 이야기를 정리하세요.

등장인물 — 민호, **수영 선생님**, 경수, 유민

배경 — 여름 방학

처음 — 물놀이장에서 멋지게 수영하는 **친구**들이 부러웠던 민호는 수영을 배우겠다고 다짐했어요.

가운데
1. 강습 첫날 민호는 연습이 마음대로 되지 않은데다 집에 오는 길에 **소나기**까지 맞아 속상했어요.
2. 숨쉬기 연습을 하던 민호는 바닥에 발이 닿지 않아 당황했어요.
3. 여러 날 연습해도 수영 실력이 늘지 않아 속상했던 민호는 수영을 **포기**하고 싶었어요.
4. 수영 선생님의 따뜻한 **위로**를 받은 민호는 수영을 계속 배우기로 했어요.

끝 — 친구들과 **바닷가**에 놀러 간 민호는 멋진 1기 실려을 뽐내었어

51

도움말 이야기 속의 여러 상황과 그에 따른 주인공의 마음을 잘 이해했는지 확인하는 문제입니다. 글에서 마음을 나타내는 말을 주의 깊게 살펴보게 하세요.

도움말 글을 도식화하여 요약 정리해 보는 문제입니다. 내용이 기억나지 않으면 글을 다시 읽어 보면서 알맞은 내용을 쓰도록 지도해 주세요.

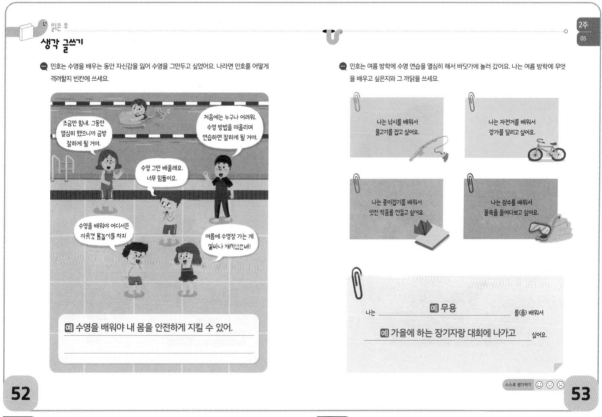

생각 글쓰기

민호는 수영을 배우는 동안 자신감을 잃어 수영을 그만두고 싶었어요. 나라면 민호를 어떻게 격려할지 빈칸에 쓰세요.

조금만 힘내. 그동안 열심히 했으니까 금방 잘하게 될 거야.

처음에는 누구나 어려워. 수영 방법을 떠올리며 연습하면 잘하게 될 거야.

수영 그만 배울래요. 너무 힘들어요.

수영을 배워야 어디서든 마음껏 물놀이를 하지

여름에 수영장 가는 게 일마나 재미있는데!

예 수영을 배워야 내 몸을 안전하게 지킬 수 있어.

52

민호는 여름 방학에 수영 연습을 열심히 해서 바닷가에 놀러 갔어요. 나는 여름 방학에 무엇을 배우고 싶은지와 그 까닭을 쓰세요.

나는 낚시를 배워서 물고기를 잡고 싶어요.

나는 자전거를 배워서 강가를 달리고 싶어요.

나는 종이접기를 배워서 멋진 작품을 만들고 싶어요.

나는 잠수를 배워서 물속을 들여다보고 싶어요.

나는 _____ **예** 무용 _____ 를(을) 배워서
예 가을에 하는 장기자랑 대회에 나가고 싶어.

53

도움말 주인공의 마음에 공감해 보는 활동입니다. 만일 나라면 왜 수영을 배워야 할지, 어떻게 하면 수영을 잘 배울 수 있을지 자유롭게 생각해 본 뒤글을 쓰게 하세요.

도움말 글에 나오는 주인공처럼 방학 동안 자신이 배우고 싶은 것을 생각해 보는 활동입니다. 꼭 배우고 싶은 것과 까닭을 자유롭게 생각해 보고 쓰게 하세요.

생각 깨우기

💬 가을의 모습이에요. 그림을 잘 보고, 가을에 대한 설명으로 알맞은 것을 모두 찾아 ○표 하세요.

• 나뭇잎이 빨갛게 물들어요.	○
• 얼었던 땅이 녹고 싹이 나요.	✕
• 잘 익은 열매를 거두어들여요.	○
• 코스모스와 들국화가 피어요.	○
• 사람들이 시원한 곳에서 물놀이를 해요.	✕

💬 가을이 되면 나뭇잎이 울긋불긋 물들고 열매가 익어요. 가을에 쉽게 볼 수 있는 색을 떠올리며 그림을 색칠하세요.

56 **57**

도움말 가을의 특징을 생각해 보는 문제입니다. 가을이 되면 주변의 모습이 어떻게 달라지는지, 가을에 많이 볼 수 있는 것은 무엇인지 떠올려 보게 하세요.

도움말 가을이 되면 사과, 감, 은행잎, 단풍잎이 어떻게 변하는지 색을 통해 알아보는 문제입니다. 여름에는 열매와 나뭇잎이 대부분 초록색이지만, 가을이 되면 열매와 단풍의 색이 변한다는 것을 알려 주세요.

배경지식 깨우기

💬 여러 종류의 열매를 한데 모았어요. 가을에 나는 열매를 모두 찾아 ○표 하세요.

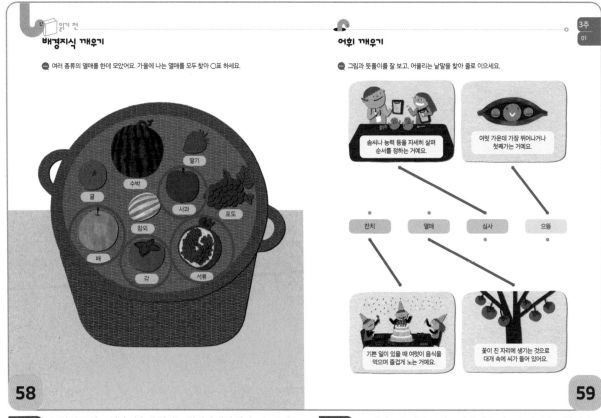

어휘 깨우기

💬 그림과 뜻풀이를 잘 보고, 어울리는 낱말을 찾아 줄로 이으세요.

솜씨나 능력 등을 자세히 살펴 순서를 정하는 거예요.

여럿 가운데 가장 뛰어나거나 첫째가는 거예요.

| 잔치 | 열매 | 심사 | 으뜸 |

기쁜 일이 있을 때 여럿이 음식을 먹으며 즐겁게 노는 거예요.

꽃이 진 자리에 생기는 것으로 대개 속에 씨가 들어 있어요.

58 **59**

도움말 동화의 중심 소재인 가을에 열리는 열매에 대해 알아보는 문제입니다. 이를 통해 앞으로 읽을 동화에 대해 관심과 흥미를 갖게 됩니다. 가을에는 어떤 과일을 많이 먹는지 생각해 보게 하세요.

도움말 그림과 뜻풀이를 통해 동화에 나올 새로운 낱말을 익힙니다.

숲속의 가을 잔치

제법
수준이나 솜씨가 어느 정도에 이르렀음을 나타내는 말.

숲속에 가을이 찾아왔습니다. 아침저녁으로는 날씨가 *제법 쌀쌀했지요. 다람쥐가 활짝 핀 들국화를 구경하고 있는데, "톡!" 소리가 났습니다. 다람쥐는 소리 나는 곳으로 쪼르르 달려갔지요. 이번에는 저쪽에서 "톡!" 소리가 났습니다. 다람쥐는 또 그리로 달려갔습니다.

"톡!" 소리가 난 자리에는 어김없이 도토리가 떨어져 있었어요. 다람쥐는 도토리를 주워 들었습니다.

그때 *요란한 날갯짓 소리와 함께 까치가 날아왔어요.

요란하다
시끄럽고 떠들썩하다.

가을 잔치에 초대합니다!
이번 주 토요일, 해가 하늘 한가운데에 왔을 때 숲속 빈터로 오세요. 잔치에 올 때는 꼭 맛있는 가을 *열매를 하나씩 가져오세요. 으뜸인 열매를 뽑아 상을 드립니다.
까치 씀

"깍깍! 다람쥐야, 너 여기 있었구나."

까치는 노란 은행잎 편지를 내밀었습니다. 초대 편지를 읽은 다람쥐는 도토리 중에서도 가장 크고 *반질반질 윤이 나며 색깔도 아름다운 왕도토리를 가지고 가기로 마음먹었어요. 그날부터 부지런히 왕도토리를 찾아다녔답니다.

잔치
기쁜 일이 있을 때 여럿이 음식을 먹으며 즐겁게 노는 일.

열매
꽃이 진 자리에 생기는 것. 대개 속에 씨가 들어 있다.

으뜸
여럿 가운데 가장 뛰어나거나 첫째가는 것.

반질반질
겉 부분에 윤기가 흐르고 매우 매끄러운 모양.

윤
반질반질 매끄러운 기운.

다람쥐는 무엇을 주웠나요!
✓도토리 ☐편지

다람쥐는 어디에 초대 받았나요?
✓가을 잔치 ☐운동회

60

61

꼬투리
콩과 식물의 씨앗을 싸고 있는 껍질.

여물다
과실이나 곡식 따위가 알이 들어 단단하게 잘 익다.

숲속은 잔치 준비로 시끌벅적했어요. 동물들이 가을 열매를 찾아 바삐 돌아다녔거든요. 토끼는 여름 내내 정성껏 기른 땅콩 밭으로 달려갔어요. 땅콩 줄기를 힘껏 당기자 줄기 끝에 땅콩 *꼬투리들이 주렁주렁 달려 올라왔답니다. 토끼는 잘 *여문 꼬투리만 찾아서 안에 든 땅콩을 꺼냈지요.

토끼 옆집에 사는 돼지는 어떤 열매가 가장 좋을지 곰곰 생각하다가 달콤한 수박이 떠올랐어요. 그런데 어디서도 수박을 찾을 수 없었어요.

"토끼야, 혹시 수박 못 봤니?"

"에이 참! 돼지야, 수박은 여름에 나잖아."

돼지는 얼굴이 빨개진 채 다시 가을 열매를 찾아 나섰어요.

사슴은 가을바람에 살랑살랑 춤추는 코스모스가 마음에 들었어요. 코스모스를 꺾어 예쁜 꽃다발을 만들었지요. 가을 잔치에서 으뜸상을 받을 생각에 신이 난 사슴은 콧노래까지 *흥얼거렸답니다.

"사슴아, 꽃다발을 뽐내며 노는 걸 보니 벌써 가을 열매를 구했구나? 정말 부럽다. 난 아직 못 찾았는데."

가을 열매를 찾아 부지런히 밭을 파던 들쥐가 말했습니다.

그 순간 사슴은 꽃이 아니라 열매를 가져가야 한다는 걸 깨달았지요. 사슴이 착각을 한 거예요. 사슴은 들쥐에게 고맙다는 인사를 한 뒤 가을 열매를 찾아 숲속 깊숙이 들어갔어요.

흥얼거리다
흥에 겨워 계속 입속으로 노래를 부르다.

토끼는 어디로 달려갔나요?
✓땅콩 밭 ☐수박 밭

누가 코스모스를 꺾어 꽃다발을 만들었나요?
✓사슴 ☐들쥐

62

63

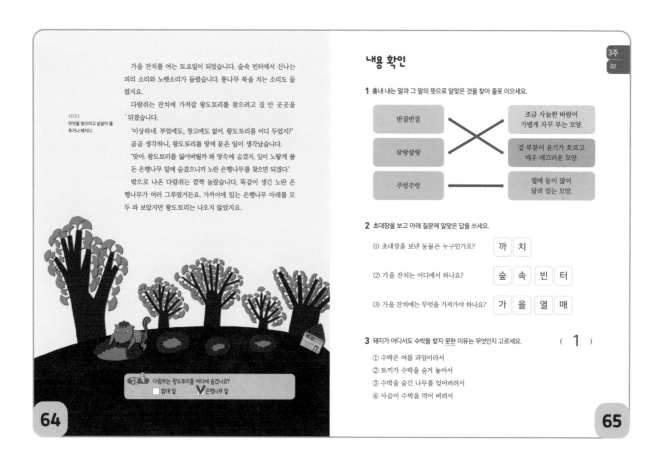

가을 잔치를 여는 토요일이 되었습니다. 숲속 빈터에서 신나는
피리 소리와 노랫소리가 들렸습니다. 통나무 북을 치는 소리도 들
렸지요.

다람쥐는 잔치에 가져갈 왕도토리를 찾으려고 집 안 곳곳을
뒤졌습니다.

'이상하네. 부엌에도, 창고에도 없어. 왕도토리를 어디 두었지?'

곰곰 생각하니, 왕도토리를 땅에 묻은 일이 생각났습니다.

'맞아. 왕도토리를 잃어버릴까 봐 땅속에 숨겼지. 잎이 노랗게 물
든 은행나무 밑에 숨겼으니까 노란 은행나무를 찾으면 되겠다.'

밖으로 나온 다람쥐는 깜짝 놀랐습니다. 똑같이 생긴 노란 은
행나무가 여러 그루였거든요. 가까이에 있는 은행나무 아래를 모
두 파 보았지만 왕도토리는 나오지 않았지요.

뒤지다
무엇을 찾으려고 샅샅이 들
추거나 헤치다.

질문톡 다람쥐는 왕도토리를 어디에 숨겼나요?
☐ 침대 밑 ✔ 은행나무 밑

64

내용 확인

1 흉내 내는 말과 그 말의 뜻으로 알맞은 것을 찾아 줄로 이으세요.

반질반질	조금 사늘한 바람이 가볍게 자꾸 부는 모양.
살랑살랑	겉 부분이 윤기가 흐르고 매우 매끄러운 모양.
주렁주렁	열매 등이 많이 달려 있는 모양.

2 초대장을 보고 아래 질문에 알맞은 답을 쓰세요.

(1) 초대장을 보낸 동물은 누구인가요?　까 치

(2) 가을 잔치는 어디에서 하나요?　숲 속 빈 터

(3) 가을 잔치에는 무엇을 가져가야 하나요?　가 을 열 매

3 돼지가 어디서도 수박을 찾지 못한 이유는 무엇인지 고르세요.　(1)

① 수박은 여름 과일이라서
② 토끼가 수박을 숨겨 놓아서
③ 수박을 숨긴 나무를 잊어버려서
④ 사슴이 수박을 먹어 버려서

65

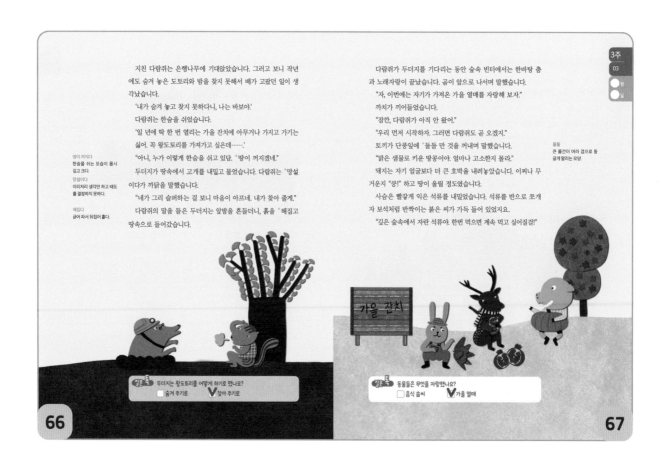

지친 다람쥐는 은행나무에 기대앉았습니다. 그러고 보니 작년
에도 숨겨 놓은 도토리와 밤을 찾지 못해서 배가 고팠던 일이 생
각났습니다.

'내가 숨겨 놓고 찾지 못하다니, 나는 바보야!'

다람쥐는 한숨을 쉬었습니다.

'일 년에 딱 한 번 열리는 가을 잔치에 아무거나 가지고 가기는
싫어. 꼭 왕도토리를 가져가고 싶은데……'

"아니, 누가 이렇게 한숨을 쉬고 있담. 땅이 꺼지겠네."

두더지가 땅속에서 고개를 내밀고 물었습니다. 다람쥐는 "망설
이다가 까닭을 말했습니다.

"네가 그리 슬퍼하는 걸 보니 마음이 아프네. 내가 찾아 줄게."

다람쥐의 말을 들은 두더지는 앞발을 흔들더니, 흙을 "헤집고
땅속으로 들어갔습니다.

땅이 꺼지다
한숨을 쉬는 모습이 몹시
길고 크다.

망설이다
이리저리 생각만 하고 태도
를 결정하지 못하다.

헤집다
긁어 파서 뒤집어 흩다.

질문톡 두더지는 왕도토리를 어떻게 하기로 했나요?
☐ 숨겨 주기로 ✔ 찾아 주기로

66

다람쥐가 두더지를 기다리는 동안 숲속 빈터에서는 한바탕 춤
과 노래자랑이 끝났습니다. 곰이 앞으로 나서며 말했습니다.

"자, 이번에는 자기가 가져온 가을 열매를 자랑해 보자."

까치가 끼어들었습니다.

"잠깐, 다람쥐가 아직 안 왔어."

"우리 먼저 시작하자. 그러면 다람쥐도 곧 오겠지."

토끼가 단풍잎에 "둘둘 만 것을 꺼내며 말했습니다.

"맑은 샘물로 키운 땅콩이야. 얼마나 고소한지 몰라."

돼지는 자기 얼굴보다 더 큰 호박을 내려놓았습니다. 이찌나 무
거운지 "쿵!" 하고 땅이 울릴 정도였습니다.

사슴은 빨갛게 익은 석류를 내밀었습니다. 석류를 반으로 쪼개
자 보석처럼 반짝이는 붉은 씨가 가득 들어 있었지요.

"깊은 숲속에서 자란 석류야. 한번 먹으면 계속 먹고 싶어질걸!"

둘둘
큰 물건이 여러 겹으로 둥
글게 말리는 모양.

질문톡 동물들은 무엇을 자랑했나요?
☐ 음식 솜씨 ✔ 가을 열매

67

14

"애들아, 내가 가져온 이 고구마 좀 보렴. 진짜 크지?"

들쥐는 자기 몸집만 한 고구마를 옆에 놓고 뽐냈습니다.

군침
아무 까닭이나 실속 없이 입안에 도는 침.

여우의 빨간 사과는 모두 °군침을 삼킬 만큼 냄새가 달콤했어요. 말은 빨갛게 익은 대추를 한 °움큼 펼쳐 놓았고, 곰은 굵은 알밤을 내놓았습니다. 까치는 잘 익은 주황빛 감을 물고 왔고요.

움큼
손으로 한 줌 움켜쥘 만한 분량을 세는 단위.

모두들 얼마나 애써서 키웠는지, 얼마나 힘들게 찾아냈는지, 또 얼마나 맛있는 열매들을 늘어놓았습니다.

그런데 다람쥐는 여전히 나타나지 않았습니다.

"안 되겠다. 내가 다람쥐를 찾아볼게. 기다려."

까치가 날갯짓을 하며 하늘로 날아올랐습니다.

까치가 내려다보니, 다람쥐가 풀이 죽은 채 앉아 있었습니다.

"깍깍! 다람쥐야, 친구들이 기다리는데 여기서 뭐하니?"

"잔치에 가져갈 왕도토리를 어디 두었는지 찾을 수가 없어."

"그럼 어때. 그냥 오면 되지. 괜찮아, 어서 가자."

까치의 재촉에 다람쥐는 하는 수 없다는 듯, 까치 뒤를 따라갔습니다. 동물 친구들은 다람쥐를 반갑게 맞아 주었습니다. 다람쥐의 사정을 듣고는 따뜻하게 위로했어요.

"기운 내. 내년에 더 멋진 열매를 가져오면 되지, 뭐."

"모두 왔으니 이제 가을 열매를 °심사해 볼까? 그런데 심사는 누가 하지?"

심사
솜씨나 능력 등을 자세히 살펴 순서를 정하는 일.

곰의 말에 동물들이 주변을 둘러보는데, 땅이 흔들렸습니다.

"앗, 이게 뭐야? 땅이 움직여!"

깜짝 놀란 말이 엉덩방아를 찧었습니다.

꿈틀꿈틀하던 흙이 멈추더니 두더지가 머리를 쑥 내밀었지요.

읽음톡 누가 다람쥐를 찾아 나섰나요?
☑ 까치　☐ 두더지

68

읽음톡 동물 친구들은 다람쥐를 어떻게 대했나요?
☑ 위로했어요　☐ 야단쳤어요

69

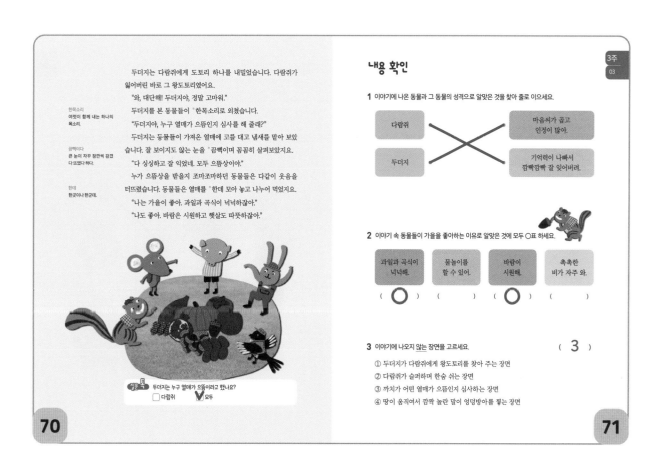

두더지는 다람쥐에게 도토리 하나를 내밀었습니다. 다람쥐가 잃어버린 바로 그 왕도토리였어요.

"와, 대단해! 두더지야, 정말 고마워."

한목소리
여럿이 함께 내는 하나의 목소리.

두더지를 본 동물들이 °한목소리로 외쳤습니다.

"두더지야, 누구 열매가 으뜸인지 심사를 해 줄래?"

두더지는 동물들이 가져온 열매에 코를 대고 냄새를 맡아 보았습니다. 잘 보이지도 않는 눈을 °끔뻑이며 꼼꼼히 살펴보았지요.

끔뻑이다
큰 눈이 자꾸 잠깐씩 감겼다 다시 뜨였다 하다.

"다 싱싱하고 잘 익었네. 모두 으뜸상이야."

누가 으뜸상을 받을지 조마조마하던 동물들은 다같이 웃음을 터뜨렸습니다. 동물들은 열매를 °한데 모아 놓고 나누어 먹었지요.

한데
한곳이나 한군데.

"나는 가을이 좋아. 과일과 곡식이 넉넉하잖아."

"나도 좋아. 바람은 시원하고 햇살도 따뜻하잖아."

읽음톡 두더지는 누구 열매가 으뜸이라고 했나요?
☐ 다람쥐　☑ 모두

70

내용 확인

1 이야기에 나온 동물과 그 동물의 성격으로 알맞은 것을 찾아 줄로 이으세요.

다람쥐		마음씨가 곱고 인정이 많아.
두더지		기억력이 나빠서 깜빡깜빡 잘 잊어버려.

2 이야기 속 동물들이 가을을 좋아하는 이유로 알맞은 것에 모두 ○표 하세요.

과일과 곡식이 넉넉해.	물놀이를 할 수 있어.	바람이 시원해.	촉촉한 비가 자주 와.
(◯)	( )	(◯)	( )

3 이야기에 나오지 **않는** 장면을 고르세요.　　(3)

① 두더지가 다람쥐에게 왕도토리를 찾아 주는 장면
② 다람쥐가 슬퍼하며 한숨 쉬는 장면
③ 까치가 어떤 열매가 으뜸인지 심사하는 장면
④ 땅이 움직여서 깜짝 놀란 말이 엉덩방아를 찧는 장면

71

주제 다지기

주제

숲속 동물 친구들은 무엇을 했나요? 바르게 말한 친구를 찾아 ○표 하세요.

내용

다람쥐가 받은 편지예요. □에서 알맞은 말을 찾아 ○표 하세요.

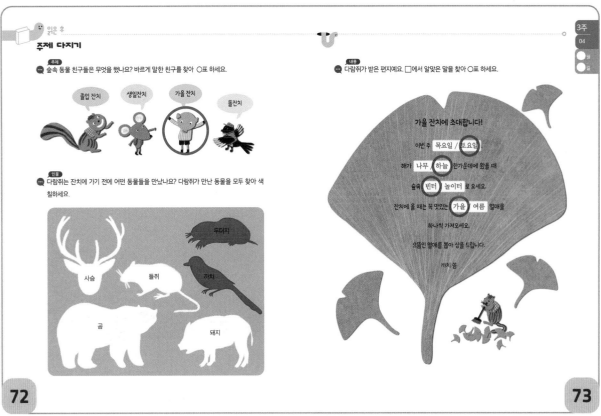

인물

다람쥐는 잔치에 가기 전에 어떤 동물들을 만났나요? 다람쥐가 만난 동물을 모두 찾아 색칠하세요.

도움말 글의 제목이나 등장인물의 행동을 살펴보면 쉽게 알 수 있습니다.

도움말 글에서 다람쥐가 나오는 부분을 살펴 보면 다람쥐가 누구를 만났는지 알 수 있습니다.

도움말 이야기 전개의 중심이 되는 가을 잔치의 내용을 상세하게 확인하는 문제입니다. 아이가 내용을 잘 기억하지 못하면 글에서 가을 잔치에 초대하는 편지가 나오는 부분을 다시 읽어 보게 하세요.

주제 다지기

내용

이야기에서 동물 친구들은 어떤 행동을 했나요? 이야기 내용에 맞으면 □안에 ○표, 틀리면 ✕표 하세요.

내용

동물 친구들은 어떤 가을 열매를 가지고 왔나요? 각각의 동물이 가져온 열매를 찾아 줄로 이으세요.

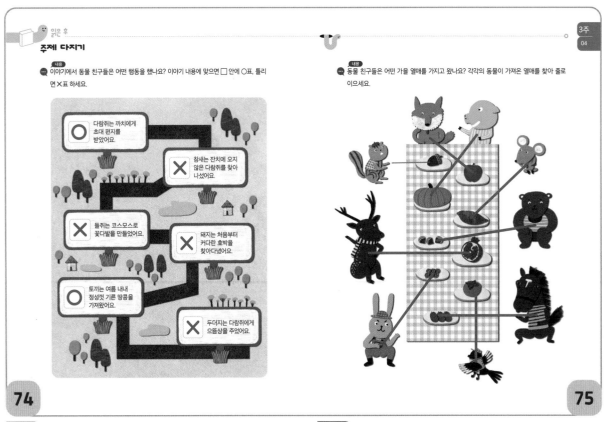

도움말 동화의 내용을 잘 이해했는지 확인하는 문제입니다. 각각의 등장인물이 어떤 행동을 했는지 생각해 보게 하세요.

도움말 등장인물의 행동을 알아보는 문제입니다. 동물들이 가을 잔치에 모였을 때 각각 어떤 열매를 자랑했는지 생각해 보게 하세요.

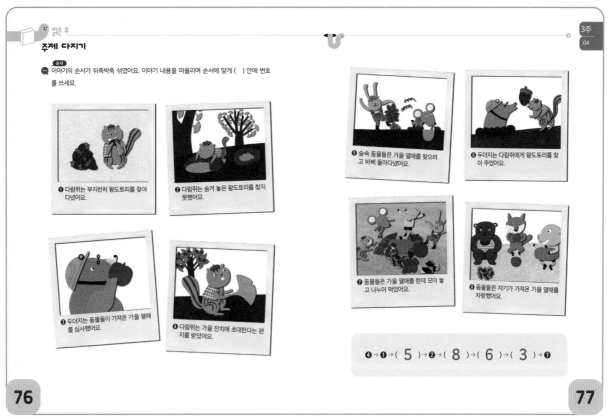

순서
이야기의 순서가 뒤죽박죽 섞였어요. 이야기 내용을 떠올리며 순서에 맞게 ( ) 안에 번호를 쓰세요.

❶ 다람쥐는 부지런히 왕도토리를 찾아다녔어요.

❷ 다람쥐는 숨겨 놓은 왕도토리를 찾지 못했어요.

❸ 두더지는 동물들이 가져온 가을 열매를 심사했어요.

❹ 다람쥐는 가을 잔치에 초대한다는 편지를 받았어요.

❺ 숲속 동물들은 가을 열매를 찾으려고 바삐 돌아다녔어요.

❻ 두더지는 다람쥐에게 왕도토리를 찾아 주었어요.

❼ 동물들은 가을 열매를 한데 모아 놓고 나누어 먹었어요.

❽ 동물들은 자기가 가져온 가을 열매를 자랑했어요.

❹ → ❶ → (5) → ❷ → (8) → (6) → (3) → ❼

76

77

도움말 이야기 속의 주요 사건을 순서대로 정리하는 문제입니다. 사건과 시간의 흐름을 파악하는 것은 전체 줄거리 파악의 기초가 되니, 차근차근 생각하게 하세요.

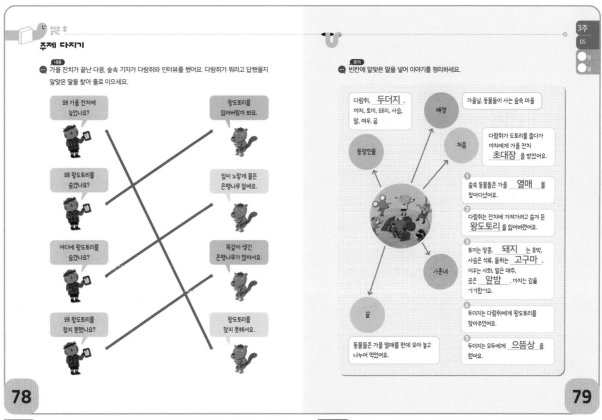

내용
가을 잔치가 끝난 다음, 숲속 기자가 다람쥐와 인터뷰를 했어요. 다람쥐가 뭐라고 답했을지 알맞은 말을 찾아 줄로 이으세요.

왜 가을 잔치에 늦었나요?

왕도토리를 잃어버릴까 봐요.

왜 왕도토리를 숨겼나요?

잎이 노랗게 물든 은행나무 밑에요.

어디에 왕도토리를 숨겼나요?

똑같이 생긴 은행나무가 많아서요.

왜 왕도토리를 찾지 못했나요?

왕도토리를 찾지 못해서요.

정리
빈칸에 알맞은 말을 넣어 이야기를 정리하세요.

다람쥐, <u>두더지</u>, 까치, 토끼, 돼지, 사슴, 말, 여우, 곰

배경 — 가을날, 동물들이 사는 숲속 마을

등장인물

처음 — 다람쥐가 도토리를 줍다가 까치에게 가을 잔치 <u>초대장</u> 을 받았어요.

❶ 숲속 동물들은 가을 <u>열매</u> 를 찾아다녔어요.

❷ 다람쥐는 잔치에 가져가려고 숨겨 둔 <u>왕도토리</u> 를 잃어버렸어요.

❸ 토끼는 땅콩, <u>돼지</u> 는 호박, 사슴은 석류, 들쥐는 <u>고구마</u>, 여우는 사과, 말은 대추, 곰은 <u>알밤</u>, 까치는 감을 가져왔어요.

가운데

❹ 두더지는 다람쥐에게 왕도토리를 찾아주었어요.

❺ 두더지는 모두에게 <u>으뜸상</u> 을 줬어요.

끝 — 동물들은 가을 열매를 한데 모아 놓고 나누어 먹었어요.

78

79

도움말 사건의 결과를 보며 사건의 원인인 '왜'를 묻는 문제입니다. 원인과 결과의 관계를 알면 사건이 일어난 차례와 이야기의 흐름을 잘 파악할 수 있습니다.

도움말 글을 도식화하여 요약 정리해 보는 문제입니다. 내용이 기억나지 않으면 글을 다시 읽어 보면서 알맞은 내용을 쓰도록 지도해 주세요.

읽은 후
생각 글쓰기

💬 가을 열매 자랑 대회가 열렸어요. 내가 심사 위원이라면 어떤 열매를 으뜸상으로 뽑고 싶나요? 내가 뽑은 열매와 뽑은 까닭을 쓰세요.

💬 숲속 동물들이 가을에 고마운 마음을 표현하고 있어요. 나는 가을에 어떤 말을 하고 싶은지 편지로 전하세요.

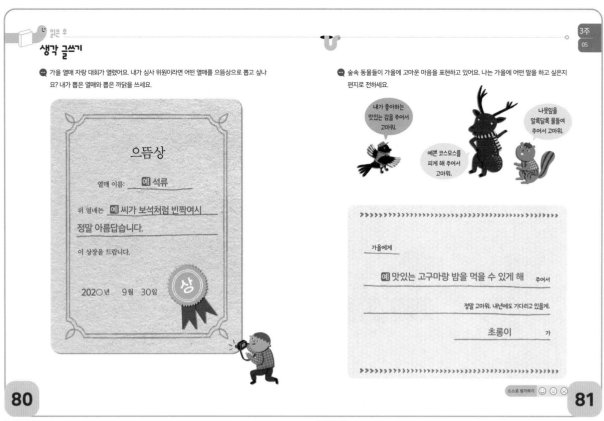

스스로 평가하기 😊 😐 😞

80

81

도움말 동화의 중요한 소재인 가을 열매를 활용해 자신의 생각을 논리적으로 표현하는 활동입니다. 이야기에 나온 가을 열매의 특징을 하나씩 떠올려 본 뒤, 자신이 생각한 까닭에 따라 글을 쓰게 하세요.

도움말 동화의 시간적 배경인 가을의 좋은 점을 창의적으로 표현하는 활동입니다. 가을이 되어 좋았던 것을 자유롭게 생각해 본 뒤, 글을 쓰게 하세요.

4주

읽기 전
생각 깨우기

💬 추운 겨울이 되면 숲속 동물들은 어떻게 지낼까요? 겨울을 보내는 동물들의 모습을 상상해서 쓰세요.

💬 겨울은 다른 계절과 날씨도 다르고 할 수 있는 일도 많이 달라요. 게시판에 있는 글을 잘 보고, 겨울의 모습을 나타낸 글을 모두 찾아 ○표 하세요.

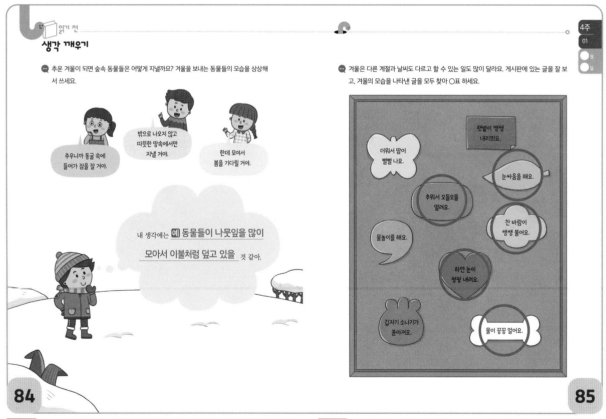

84

85

도움말 호기심을 자극하기 위해 설명문의 주제인 동물의 겨울나기에 대해 미리 생각해 보는 문제입니다. 배경지식이 없더라도 정답을 맞히는 문제가 아니니 자유롭게 생각해 보게 하세요.

도움말 겨울의 특징을 생각해 보는 문제입니다. 겨울은 다른 계절보다 몹시 춥다는 것과 건강하게 겨울을 나기 위해서는 미리 준비해야 한다는 걸 알려 주세요.

배경지식 깨우기

😊 사람들은 추운 겨울이 오기 전에 미리 겨울나기를 준비해요. 겨울에 필요한 물건을 모두 찾아 ○표 하고, 왜 필요한지 쓰세요.

어휘 깨우기

😊 사다리를 따라 줄을 그어, 위에 있는 낱말에 어울리는 뜻풀이를 찾으세요.

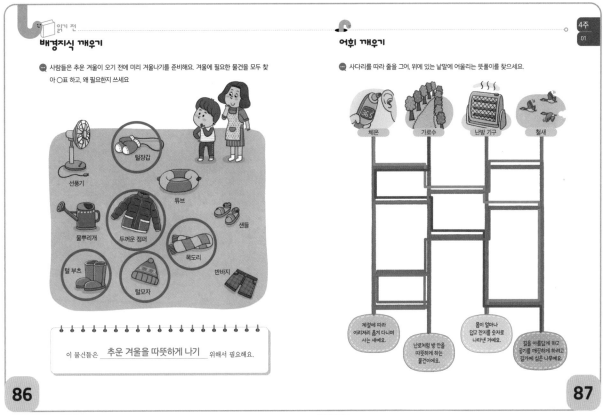

체온 / 가로수 / 난방 기구 / 철새

계절에 따라 이리저리 옮겨 다니며 사는 새예요.

난로처럼 방 안을 따뜻하게 하는 물건이에요.

몸이 얼마나 덥고 찬지를 숫자로 나타낸 거예요.

길을 아름답게 하고 공기를 깨끗하게 하려고 길가에 심은 나무예요.

이 물건들은 <u>추운 겨울을 따뜻하게 나기</u> 위해서 필요해요.

86

87

도움말 겨울 날씨와 겨울철 옷차림을 관련 지어 생각하는 문제입니다. 겨울은 춥기 때문에 몸을 따뜻하게 해야 한다는 걸 알려 주세요.

도움말 그림을 보며 낱말의 뜻을 생각해 본 뒤, 뜻풀이를 통해 설명문에 나올 새로운 낱말을 익힙니다.

동식물의 겨울나기

가로수
길을 아름답게 하고 공기를 깨끗하게 하려고 길가에 심은 나무.

난방 기구
난로처럼 방 안을 따뜻하게 하는 물건.

대비하다
앞으로 일어날지도 모르는 일에 대응하기 위해 미리 준비하다.

점검하다
낱낱이 검사하다.

준비하고 점검해요

길가의 *가로수에서 나뭇잎이 우수수 떨어지고 찬 바람이 쌩쌩 불면 겨울이 왔다는 뜻이에요. 겨울에는 날씨가 몹시 춥기 때문에 미리 준비해야 할 것이 많아요.

사람들은 겨울을 따뜻하게 지내려고 이불이나 커튼을 두꺼운 것으로 바꾸고, 두꺼운 옷도 준비해요. 전기난로 같은 *난방 기구를 꺼내어 손질하고, 창문으로 바람이 들어오지 않도록 틈새를 막지요. 또 김장을 해서 겨우내 먹을 김치를 한꺼번에 담가요. 눈이 많이 내릴 때를 *대비해서 모래나 소금을 준비하고, 겨울에는 불이 나기 쉬우니까 소화기도 미리 *점검하지요.

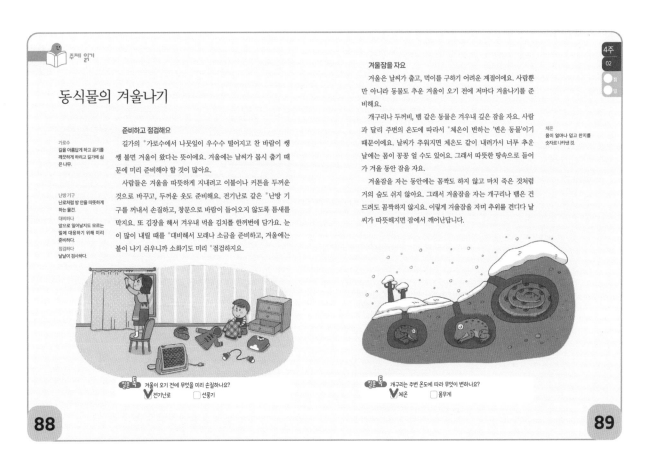

질문퉥 겨울이 오기 전에 무엇을 미리 손질하나요?
☑ 전기난로 ☐ 선풍기

겨울잠을 자요

겨울은 날씨가 춥고, 먹이를 구하기 어려운 계절이에요. 사람뿐만 아니라 동물도 추운 겨울이 오기 전에 저마다 겨울나기를 준비해요.

개구리나 두꺼비, 뱀 같은 동물은 겨우내 깊은 잠을 자요. 사람과 달리 주변의 온도에 따라서 *체온이 변하는 '변온 동물'이기 때문이에요. 날씨가 추워지면 체온도 같이 내려가서 너무 추운 날에는 몸이 꽁꽁 얼 수도 있어요. 그래서 따뜻한 땅속으로 들어가 겨울 동안 잠을 자요.

겨울잠을 자는 동안에는 꼼짝도 하지 않고 마치 죽은 것처럼 거의 숨도 쉬지 않아요. 그래서 겨울잠을 자는 개구리나 뱀은 건드려도 꼼짝하지 않지요. 이렇게 겨울잠을 자며 추위를 견딘다 날씨가 따뜻해지면 잠에서 깨어난답니다.

체온
몸이 얼마나 덥고 찬지를 숫자로 나타낸 것.

질문퉥 개구리는 주변 온도에 따라 무엇이 변하나요?
☑ 체온 ☐ 몸무게

88

89

곰이나 다람쥐, 박쥐 같은 동물은 주변 온도에 따라 체온이 변하지 않고 언제나 체온이 일정한 '항온 동물'이에요. 하지만 추운 겨울에는 먹이가 부족하니까 겨울잠을 자요.

이런 동물들은 겨울잠을 자기 전에 먹이를 잔뜩 먹어 몸을 살찌워요. 몸에 °영양분을 많이 모아 두려는 거예요. 그런 다음, 동굴이나 나무 구멍 속처럼 따뜻한 곳에 들어가 겨울잠을 자요. 몸에 필요한 영양분을 아끼려고 되도록 움직이지 않고 잠을 자는 거지요.

개구리와 달리 항온 동물은 얕게 자기 때문에 겨울이라도 따뜻한 날에는 잠깐 깨어 미리 모아 놓은 먹이를 먹기도 해요. 그래도 겨우내 굶어서, 봄이 되어 겨울잠에서 깨어나면 몸이 아주 홀쭉해져 있지요.

°영양분
생물이 에너지를 얻거나 몸을 구성하기 위해 햇빛이나 음식 등을 통해 얻는 성분.

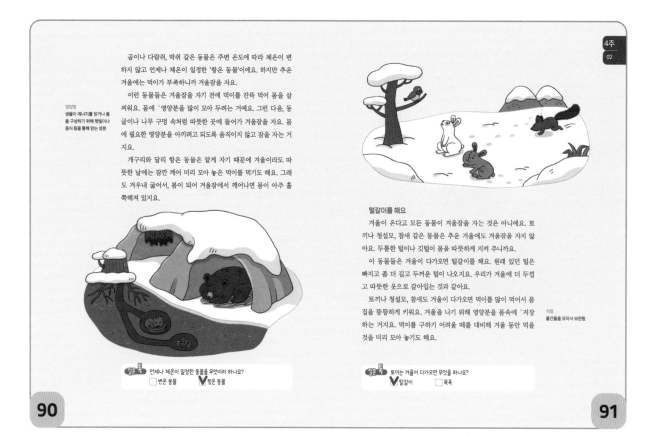

털갈이를 해요

겨울이 온다고 모든 동물이 겨울잠을 자는 것은 아니에요. 토끼나 청설모, 참새 같은 동물은 추운 겨울에도 겨울잠을 자지 않아요. 두툼한 털이나 깃털이 몸을 따뜻하게 지켜 주니까요.

이 동물들은 겨울이 다가오면 털갈이를 해요. 원래 있던 털은 빠지고 좀 더 길고 두꺼운 털이 나오지요. 우리가 겨울에 더 두껍고 따뜻한 옷으로 갈아입는 것과 같아요.

토끼나 청설모, 참새도 겨울이 다가오면 먹이를 많이 먹어서 몸집을 뚱뚱하게 키워요. 겨울을 나기 위해 영양분을 몸속에 °저장하는 거지요. 먹이를 구하기 어려울 때를 대비해 겨울 동안 먹을 것을 미리 모아 놓기도 해요.

°저장
물건들을 모아서 보관함.

생각톡 언제나 체온이 일정한 동물을 무엇이라 하나요?
☐ 변온 동물　☑ 항온 동물

생각톡 토끼는 겨울이 다가오면 무엇을 하나요?
☑ 털갈이　☐ 목욕

곤충은 저마다 다르게 겨울을 나요

곤충도 주변 온도의 영향을 많이 받는 변온 동물이에요. 그래서 너무 춥거나 더우면 죽고 말아요. 곤충은 겨울에는 거의 움직이지 않고 지내요. 겨울을 나는 모습도 저마다 다르지요.

대부분의 곤충은 한 해 동안 살고, 겨울이 되면 죽어요. 사마귀나 메뚜기는 알로 겨울을 나요. 알은 두꺼운 알집 속에 들어 있어 따뜻하게 지켜지지요.

사슴벌레나 장수풍뎅이는 애벌레인 채로 나무줄기 속에서 겨울을 나고, 호랑나비는 단단한 껍질로 싸인 °번데기로 겨울을 나요.

무당벌레는 어른벌레로 겨울을 나는데 여럿이 무리 지어 낙엽 밑에서 겨울잠을 자요. 개미나 꿀벌은 모아 놓은 먹이를 먹으며 집 안에서 따뜻하게 겨울을 보내지요.

°번데기
곤충의 애벌레가 어른벌레가 되는 과정에서 한동안 아무것도 먹지 않고 고치 같은 것 속에 가만히 들어 있는 몸.

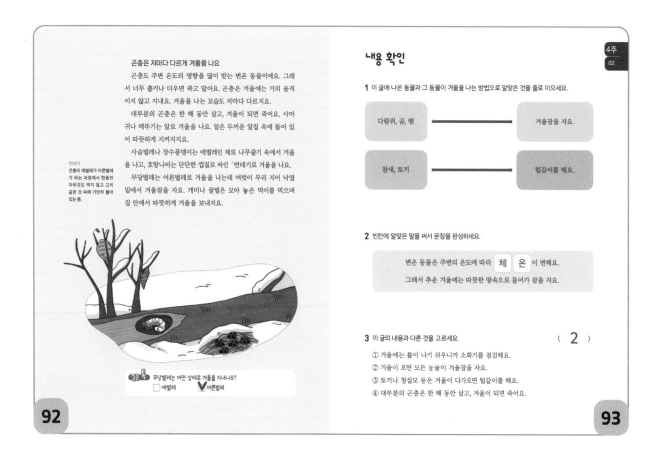

생각톡 무당벌레는 어떤 상태로 겨울을 지내나요?
☐ 애벌레　☑ 어른벌레

내용 확인

1 이 글에 나온 동물과 그 동물이 겨울을 나는 방법으로 알맞은 것을 줄로 이으세요.

| 다람쥐, 곰, 뱀 | ——— | 겨울잠을 자요. |
| 참새, 토끼 | ——— | 털갈이를 해요. |

2 빈칸에 알맞은 말을 써서 문장을 완성하세요.

변온 동물은 주변의 온도에 따라 　체　온　이 변해요.

그래서 추운 겨울에는 따뜻한 땅속으로 들어가 잠을 자요.

3 이 글의 내용과 다른 것을 고르세요. 　(2)

① 겨울에는 불이 나기 쉬우니까 소화기를 점검해요.
② 겨울이 오면 모든 동물이 겨울잠을 자요.
③ 토끼나 청설모 등은 겨울이 다가오면 털갈이를 해요.
④ 대부분의 곤충은 한 해 동안 살고, 겨울이 되면 죽어요.

따뜻한 곳으로 떠나요

추운 겨울이 오면 따뜻한 곳으로 떠나는 동물도 있어요. 제비나 뻐꾸기 같은 새들은 여름에는 우리나라에서 살다가 겨울이 다가오면 따뜻한 남쪽으로 떠나요. 따뜻한 곳에서 겨울을 지내고 봄이 오면 다시 우리나라로 돌아오지요. 이런 새를 '여름 *철새'라고 해요.

반대로 기러기나 두루미는 겨울이 되면 우리나라를 찾아와요. 우리나라보다 훨씬 더 추운 북쪽 *시베리아에서 살다가 겨울을 나기 위해 시베리아보다 좀 더 따뜻한 우리나라로 오는 거예요. 이렇게 겨울에 찾아왔다가 봄이 오면 다시 떠나는 새를 '겨울 철새'라고 해요.

철새
계절에 따라 이리저리 옮겨 다니며 사는 새.

시베리아
러시아의 우랄산맥에서 태평양 연안에 이르는 북아시아 지역.

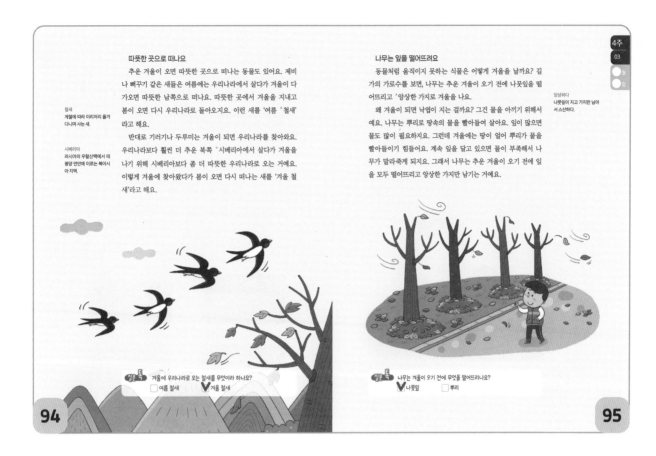

질문톡 겨울에 우리나라로 오는 철새를 무엇이라 하나요?
☐ 여름 철새 ☑ 겨울 철새

94

나무는 잎을 떨어뜨려요

동물처럼 움직이지 못하는 식물은 어떻게 겨울을 날까요? 길가의 가로수를 보면, 나무는 추운 겨울이 오기 전에 나뭇잎을 떨어뜨리고 *앙상한 가지로 겨울을 나요.

왜 겨울이 되면 낙엽이 지는 걸까요? 그건 물을 아끼기 위해서예요. 나무는 뿌리로 땅속의 물을 빨아들여 살아요. 잎이 많으면 물도 많이 필요하지요. 그런데 겨울에는 땅이 얼어 뿌리가 물을 빨아들이기 힘들어요. 계속 잎을 달고 있으면 물이 부족해서 나무가 말라죽게 되지요. 그래서 나무는 추운 겨울이 오기 전에 잎을 모두 떨어뜨리고 앙상한 가지만 남기는 거예요.

앙상하다
나뭇잎이 지고 가지만 남아서 스산하다.

질문톡 나무는 겨울이 오기 전에 무엇을 떨어뜨리나요?
☑ 나뭇잎 ☐ 뿌리

95

겨울눈으로 겨울을 나요

낙엽이 진 목련이나 동백나무의 나뭇가지를 살펴보면 볼록한 게 달려 있어요. 바로 '겨울눈'이에요. 겨울눈 속에는 *이듬해 봄에 돋아날 새잎이나 꽃이 들어 있어요. 잎이 될 부분이 들어 있으면 '잎눈', 꽃이 될 부분이 들어 있으면 '꽃눈'이라고 하지요.

겨울눈은 나뭇잎이 떨어지기 전인 여름부터 가을에 걸쳐 만들어져요. 영양분이 풍부할 때 잎이나 꽃이 될 겨울눈을 미리 만든 거지요.

겨울눈은 추운 겨울 동안 얼지 않도록 솜털이나 비늘로 덮여 있어요. 목련의 겨울눈은 가느다란 솜털로 덮여 있고, 동백나무의 겨울눈은 단단한 비늘로 덮여 있지요.

이듬해
바로 다음의 해.

질문톡 목련의 겨울눈은 무엇으로 덮여 있나요?
☑ 솜털 ☐ 비늘

96

씨로 겨울을 나요

나무보다 훨씬 약해 보이는 풀도 겨울나기 준비를 해요. 해바라기나 나팔꽃, 벼는 일 년 동안만 사는 '한해살이 식물'이에요.

씨에서 싹이 트고 자라서 꽃을 피우고 다시 씨를 맺는 *한살이 과정이 봄부터 겨울까지 일 년 안에 이루어지지요.

한해살이 식물은 겨울이 오기 전에 말라 죽어요. 대신 씨로 겨울을 나지요. 씨로 따뜻한 땅속에 묻혀 겨울을 보낸 뒤, 이듬해 봄이 되면 씨에서 싹이 나와 다시 새로운 한살이를 시작하지요.

한살이
세상에 태어나서 죽을 때까지의 동안.

질문톡 일 년 동안만 사는 식물을 무엇이라고 하나요?
☑ 한해살이 식물 ☐ 하루살이 식물

97

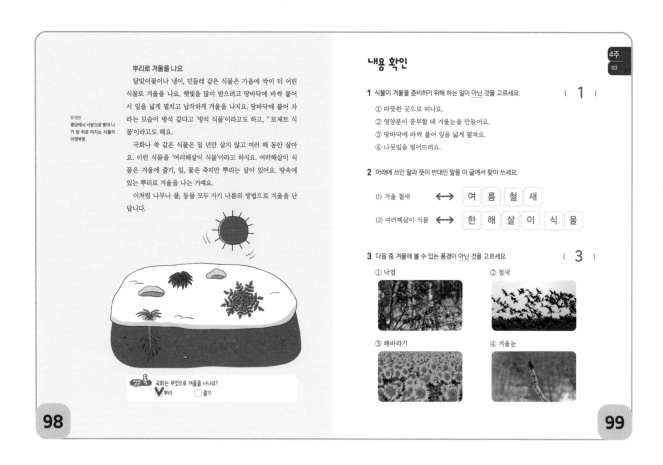

뿌리로 겨울을 나요

달맞이꽃이나 냉이, 민들레 같은 식물은 가을에 싹이 터 어린 식물로 겨울을 나요. 햇빛을 많이 받으려고 땅바닥에 바싹 붙어서 잎을 넓게 펼치고 납작하게 겨울을 나지요. 땅바닥에 붙어 자라는 모습이 방석 같다고 '방석 식물'이라고도 하고, ˚로제트 식물'이라고도 해요.

국화나 쑥 같은 식물은 일 년만 살지 않고 여러 해 동안 살아요. 이런 식물을 '여러해살이 식물'이라고 하지요. 여러해살이 식물은 겨울에 줄기, 잎, 꽃은 죽지만 뿌리는 살아 있어요. 땅속에 있는 뿌리로 겨울을 나는 거예요.

이처럼 나무나 풀, 동물 모두 자기 나름의 방법으로 겨울을 난답니다.

˚로제트
중앙에서 사방으로 뻗어 나가 땅 위로 퍼지는 식물의 아랫부분.

용어 퀴즈 국화는 무엇으로 겨울을 나요?
☑ 뿌리 ☐ 줄기

98

내용 확인

1 식물이 겨울을 준비하기 위해 하는 일이 <u>아닌</u> 것을 고르세요. (1)

① 따뜻한 곳으로 떠나요.
② 영양분이 풍부할 때 겨울눈을 만들어요.
③ 땅바닥에 바싹 붙어 잎을 넓게 펼쳐요.
④ 나뭇잎을 떨어뜨려요.

2 아래에 쓰인 말과 뜻이 반대인 말을 이 글에서 찾아 쓰세요.

(1) 겨울 철새 ⟷ | 여 | 름 | 철 | 새 |

(2) 여러해살이 식물 ⟷ | 한 | 해 | 살 | 이 | 식 | 물 |

3 다음 중 겨울에 볼 수 있는 풍경이 <u>아닌</u> 것을 고르세요. (3)

① 낙엽   ② 철새

③ 해바라기   ④ 겨울눈

99

주제 다지기

주제
이 글은 무엇에 대해 알려 주나요? 알맞은 것을 찾아 ☐ 안에 ○표 하세요.

| 동물과 식물이 숨쉬는 방법 ☐ | 동물과 식물의 겨울나기 방법 ◯ | 동물의 먹이와 식물의 나이 ☐ |

정보
사람들이 겨울나기 준비를 하려고 표를 만들었어요. 겨울나기 준비로 알맞은 것을 모두 찾아 빈칸에 ○표 하세요.

· 커튼을 얇은 것으로 바꾸어요. ○
· 두꺼운 겨울옷을 준비해요. ◉
· 선풍기를 꺼내 설치해요. ○
· 겨울 동안 먹으려고 김장을 해요. ◉
· 소화기를 미리 점검해요. ◉

100

정보
동물들은 여러 가지 방법으로 겨울을 보내요. 동물과 그 동물이 겨울나기 하는 방법을 줄로 이으세요.

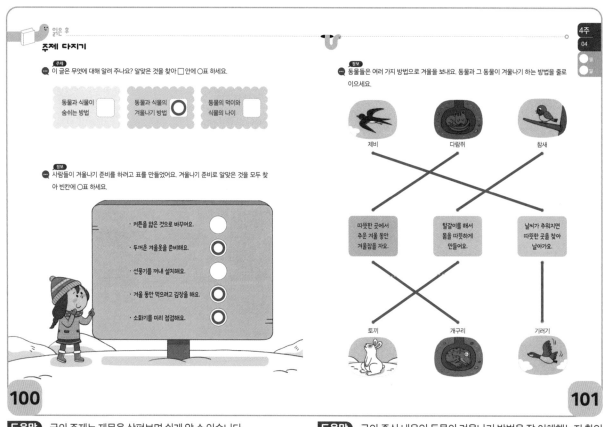

제비   다람쥐   참새

따뜻한 곳에서 추운 겨울 동안 겨울잠을 자요.   털갈이를 해서 몸을 따뜻하게 만들어요.   날씨가 추워지면 따뜻한 곳을 찾아 날아가요.

토끼   개구리   기러기

101

도움말 글의 주제는 제목을 살펴보면 쉽게 알 수 있습니다.
도움말 자신의 경험에 의존하지 말고, 글에 나온 내용을 떠올리며 문제를 풀게 하세요.

도움말 글의 중심 내용인 동물의 겨울나기 방법을 잘 이해했는지 확인하는 문제입니다. 먼저 각각의 동물이 어떤 방법으로 겨울을 나는지 떠올려 본 뒤에 관계 있는 것끼리 연결 짓게 하세요.

주제 다지기

정보
철새가 따뜻한 곳으로 가려 해요. 겨울잠을 자는 동물의 이름이 쓰인 푯말을 따라 줄을 그어 길을 찾으세요.

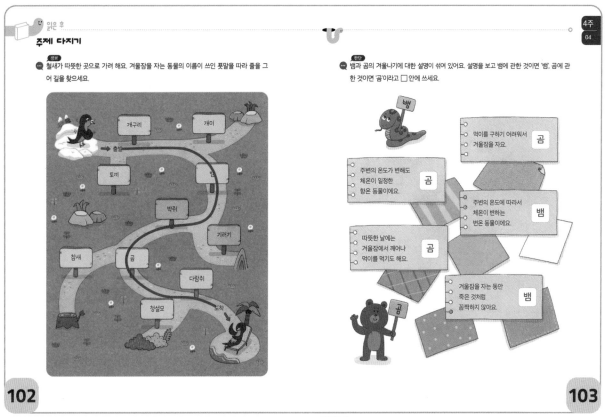

도움말 겨울잠을 자는 동물에 대해 잘 이해했는지 확인하는 문제입니다. 아이가 내용을 잘 기억하지 못하면 글에서 겨울잠을 설명한 부분을 다시 읽어 보게 하세요.

판단
뱀과 곰의 겨울나기에 대한 설명이 섞여 있어요. 설명을 보고 뱀에 관한 것이면 '뱀', 곰에 관한 것이면 '곰'이라고 □ 안에 쓰세요.

뱀

먹이를 구하기 어려워서 겨울잠을 자요. 곰

주변의 온도가 변해도 체온이 일정한 항온 동물이에요. 곰

주변의 온도에 따라서 체온이 변하는 변온 동물이에요. 뱀

따뜻한 날에는 겨울잠에서 깨어나 먹이를 먹기도 해요. 곰

겨울잠을 자는 동안 죽은 것처럼 꼼짝하지 않아요. 뱀

곰

도움말 글의 내용을 기준에 따라 분류하는 문제입니다. 아이가 어려워하면 뱀과 곰의 겨울잠은 어떻게 다른지 서로 비교하며 글을 읽어 보게 하세요.

주제 다지기

정보
곤충들이 겨울을 나는 모습이에요. 그림을 보고, 어떻게 겨울을 나는지 보기 에서 알맞은 것을 찾아 □ 안에 번호를 쓰세요.

보기
① 두꺼운 알집 속에서 알로 겨울을 나요.
② 나무줄기 속에서 애벌레로 겨울을 나요.
③ 단단한 껍질로 싸인 번데기로 겨울을 나요.
④ 낙엽 밑에서 겨울잠을 자며 어른벌레로 겨울을 나요.

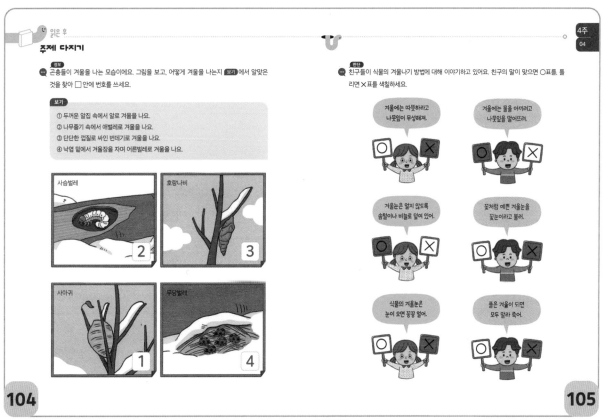

도움말 곤충의 겨울나기 방법을 잘 이해했는지 확인하는 문제입니다. 기존에 알고 있던 배경지식에 의존하지 말고, 글에 나온 예시를 잘 떠올리며 문제를 풀게 하세요.

판단
친구들이 식물의 겨울나기 방법에 대해 이야기하고 있어요. 친구의 말이 맞으면 ○표를, 틀리면 ✕표를 색칠하세요.

겨울에는 따뜻하라고 나뭇잎이 무성해져. ○ ✕

겨울에는 물을 아끼려고 나뭇잎을 떨어뜨려. ○ ✕

겨울눈은 얼지 않도록 솜털이나 비늘로 덮여 있어. ○ ✕

꽃처럼 예쁜 겨울눈을 꽃눈이라고 불러. ○ ✕

식물의 겨울눈은 눈이 오면 꽁꽁 얼어. ○ ✕

풀은 겨울이 되면 모두 말라 죽어. ○ ✕

도움말 식물의 겨울나기 방법을 잘 이해했는지 확인하는 문제입니다. 글을 주의 깊게 읽지 않으면 헷갈리므로 글 내용을 차분히 떠올리면서 풀게 하세요.

주제 다지기

정보
식물이 겨울을 나는 여러 방법이에요. ( ) 안에 들어갈 알맞은 말을 찾아 줄로 이으세요.

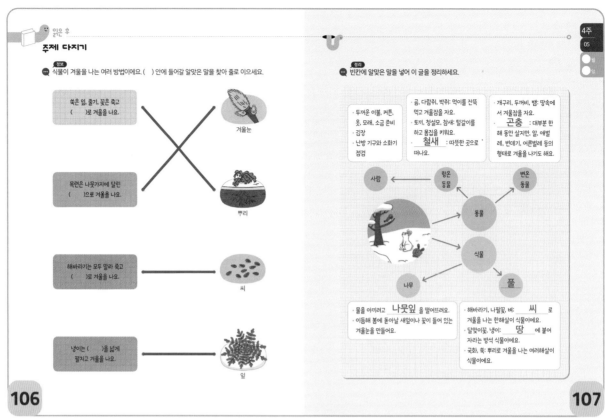

정리
빈칸에 알맞은 말을 넣어 이 글을 정리하세요.

도움말 글의 중심 내용인 식물의 겨울나기 방법을 제대로 이해했는지 확인하는 문제입니다. 문제를 풀며 글에 나온 중요한 개념을 정리하게 하세요.

도움말 글을 도식화하여 요약 정리해 보는 문제입니다. 내용이 기억나지 않으면 글을 다시 읽어 보면서 알맞은 내용을 쓰도록 지도해 주세요.

생각 글쓰기

동물에게 겨울은 춥고 배고픈 계절이에요. 동물들이 겨울을 잘 지내도록 도와줄 방법을 쓰세요.

식물은 여러 가지 모습으로 겨울을 나요. 만약 내가 겨울을 보내야 하는 식물이라면 어떤 마음일지 상상해서 쓰세요.

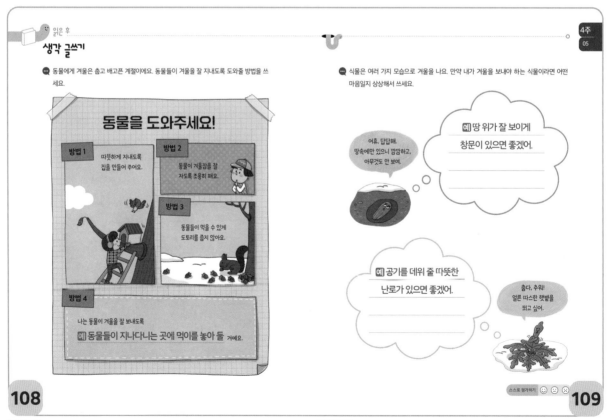

도움말 동물의 겨울나기에 대한 정보를 바탕으로 겨울철에 동물을 보호할 수 있는 방법을 생각해 봅니다. 상상해서 자유롭게 쓰기보다는 논리적인 근거를 가지고 글을 쓰게 하세요.

도움말 글을 읽고 알게 된 정보를 활용해서 상상해 보는 활동입니다. 식물의 겨울나기 방법을 잘 떠올려 본 뒤, 자신이 식물이라면 어떨지 자유롭게 상상해 봅니다.

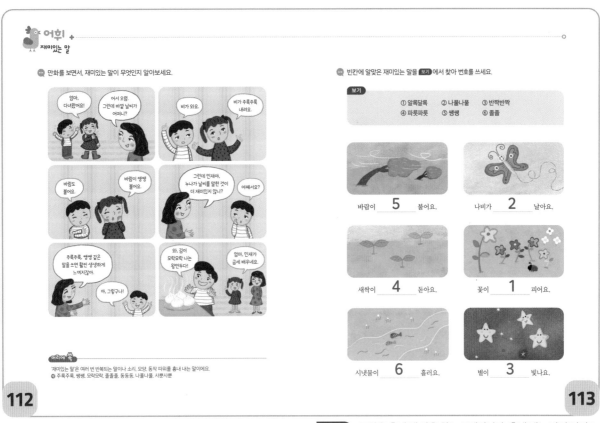

어휘
재미있는 말

만화를 보면서, 재미있는 말이 무엇인지 알아보세요.

어린이 꼭
'재미있는 말'은 여러 번 반복되는 말이나 소리, 모양, 동작 따위를 흉내 내는 말이에요.
ⓔ 주룩주룩, 쌩쌩, 모락모락, 졸졸졸, 동동동, 나풀나풀, 사뿐사뿐

112

빈칸에 알맞은 재미있는 말을 **보기**에서 찾아 번호를 쓰세요.

보기
① 알록달록　② 나풀나풀　③ 반짝반짝
④ 파릇파릇　⑤ 쌩쌩　⑥ 졸졸

바람이 **5** 불어요.　나비가 **2** 날아요.

새싹이 **4** 돋아요.　꽃이 **1** 피어요.

시냇물이 **6** 흘러요.　별이 **3** 빛나요.

113

도움말 모양을 흉내 낸 말을 찾는 문제입니다. 흉내 내는 말이 어떤 느낌인지 떠올려 보면 됩니다.

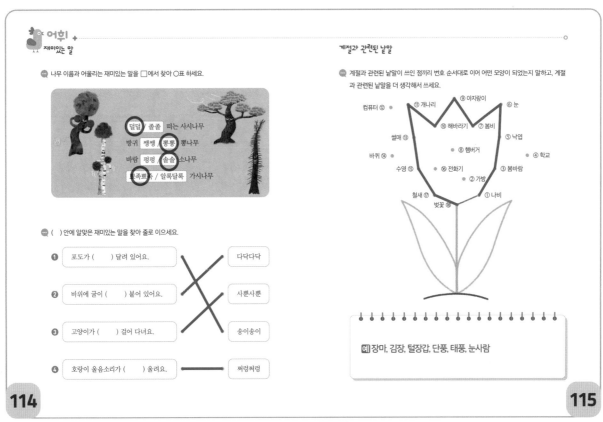

어휘
재미있는 말

나무 이름과 어울리는 재미있는 말을 □에서 찾아 ○표 하세요.

덜덜 / 졸졸 떠는 사시나무
방귀 쌩쌩 / 뽕뽕 뽕나무
바람 펑펑 / 솔솔 소나무
뾰족뾰족 / 알록달록 가시나무

( ) 안에 알맞은 재미있는 말을 찾아 줄로 이으세요.

❶ 포도가 ( ) 달려 있어요.　　　다닥다닥

❷ 바위에 굴이 ( ) 붙어 있어요.　사뿐사뿐

❸ 고양이가 ( ) 걸어 다녀요.　　송이송이

❹ 호랑이 울음소리가 ( ) 울려요.　찌렁찌렁

114

계절과 관련된 낱말

계절과 관련된 낱말이 쓰인 점끼리 번호 순서대로 이어 어떤 모양이 되었는지 말하고, 계절과 관련된 낱말을 더 생각해서 쓰세요.

컴퓨터 ⑫　⑪ 개나리　⑨ 아지랑이　⑥ 눈
　　　⑩ 해바라기　　⑦ 봄비
썰매 ⑬　　　　　　　　⑤ 낙엽
바퀴 ⑭　　　⑧ 햄버거　　　　④ 학교
　　수영 ⑮　⑯ 전화기　③ 봄바람
　　　　　　　　　② 가방
철새 ⑰　　　　　　　① 나비
　　벚꽃 ⑱

예 장마, 김장, 털장갑, 단풍, 태풍, 눈사람

115

도움말 나무 이름을 잘 살펴보면 됩니다.

도움말 봄, 여름, 가을, 겨울의 네 계절을 떠올리며 점을 이으면 꽃 모양이 됩니다. 이 밖에 장마, 김장, 털장갑, 단풍, 태풍, 눈사람도 계절과 관련된 낱말입니다.

25

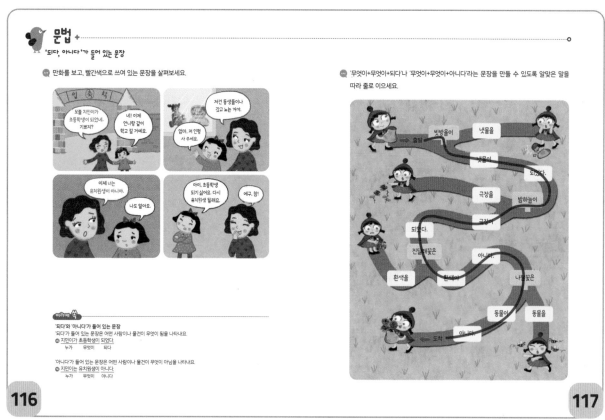

도움말 '되다'나 '아니다' 앞에는 '무엇이'가 옵니다.

문법
'되다, 아니다'가 들어 있는 문장

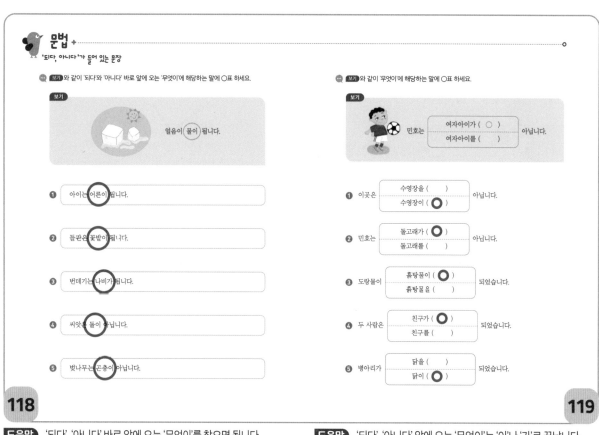

도움말 '되다', '아니다' 바로 앞에 오는 '무엇이'를 찾으면 됩니다.

도움말 '되다', '아니다' 앞에 오는 '무엇이'는 '이'나 '가'로 끝납니다.

26

문법
'되다, 아니다'가 들어 있는 문장

보기 와 같이 밑줄 친 말을 '무엇이'에 해당하는 말로 바르게 고쳐 쓰세요.

보기

삼촌이 <u>군인을</u> 되었습니다.
→ 삼촌이 <u>군인이</u> 되었습니다.

❶ 꽃밭이 엉망을 되었습니다.
→ 꽃밭이 __엉망이__ 되었습니다.

❷ 선풍기는 장난감을 아닙니다.
→ 선풍기는 __장난감이__ 아닙니다.

❸ 거미는 곤충을 아닙니다.
→ 거미는 __곤충이__ 아닙니다.

❹ 왕자는 괴물을 되었습니다.
→ 왕자는 __괴물이__ 되었습니다.

❺ 민호는 초등학생을 되었습니다
→ 민호는 __초등학생이__ 되었습니다.

120

그림을 보고, 빈칸에 알맞은 말을 보기 에서 찾아 쓰세요.

보기

평상은   되었습니다   동물이   식물이

❶ 모기는 __식물이__ 아닙니다.

❷ 옥수수는 __동물이__ 아닙니다.

❸ 승우는 배불뚝이가 __되었습니다__ .

❹ __평상은__ 식탁이 되었습니다.

121

도움말 '되다', '아니다' 앞에는 '무엇을'이 아니라 '무엇이'가 옵니다.

도움말 '되다'와 '아니다'의 쓰임을 생각해 보면 됩니다. '되다'는 사람이나 사물이 무엇으로 바뀌거나 변하는 것을 나타내고, '아니다'는 그것이 아니라는 걸 나타냅니다.

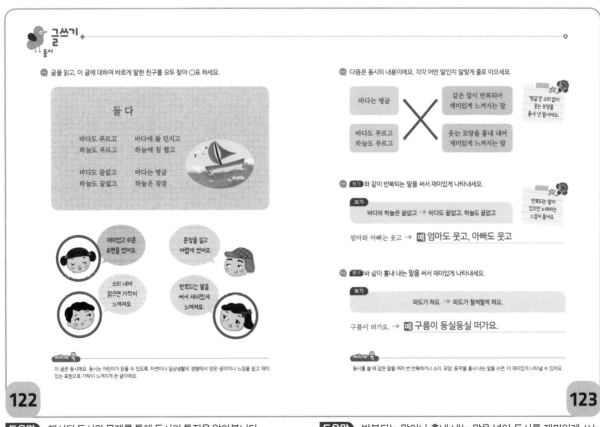

글쓰기
동시

글을 읽고, 이 글에 대하여 바르게 말한 친구를 모두 찾아 ○표 하세요.

둘 다

바다도 푸르고   바다에 돌 던지고
하늘도 푸르고   하늘에 침 뱉고

바다도 끝없고   바다는 벙글
하늘도 끝없고   하늘은 잠잠

재미있고 쉬운 표현을 썼어요.

문장을 길고 어렵게 썼어요.

소리 내어 읽으면 가락이 느껴져요.

반복되는 말을 써서 재미있게 느껴져요.

어린이 쏙
이 글은 동시예요. 동시는 어린이가 읽을 수 있도록, 자연이나 일상생활의 경험에서 얻은 생각이나 느낌을 쉽고 재미있는 표현으로 가락이 느껴지게 쓴 글이에요.

122

다음은 동시의 내용이에요. 각각 어떤 말인지 알맞게 줄로 이으세요.

바다는 벙글 ╳ 같은 말이 반복되어 재미있게 느껴지는 말

바다도 푸르고 하늘도 푸르고 ╳ 웃는 모양을 흉내 내어 재미있게 느껴지는 말

벙글은 소리 없이 웃는 모양을 흉내 낸 말이에요.

보기 와 같이 반복되는 말을 써서 재미있게 나타내세요.

보기

바다와 하늘은 끝없고 → 바다도 끝없고, 하늘도 끝없고

엄마와 아빠는 웃고 → 예 엄마도 웃고, 아빠도 웃고

반복되는 말이 있으면 노래하는 느낌이 들어요.

보기 와 같이 흉내 내는 말을 써서 재미있게 나타내세요.

보기

파도가 쳐요. → 파도가 철썩철썩 쳐요.

구름이 떠가요. → 예 구름이 둥실둥실 떠가요.

어린이 쏙
동시를 쓸 때 같은 말을 여러 번 반복하거나 소리, 모양, 동작을 흉내 내는 말을 쓰면, 더 재미있게 나타낼 수 있어요.

123

도움말 제시된 동시와 문제를 통해 동시의 특징을 알아봅니다.

도움말 반복되는 말이나 흉내 내는 말을 넣어 동시를 재미있게 쓰는 방법을 알아봅니다.

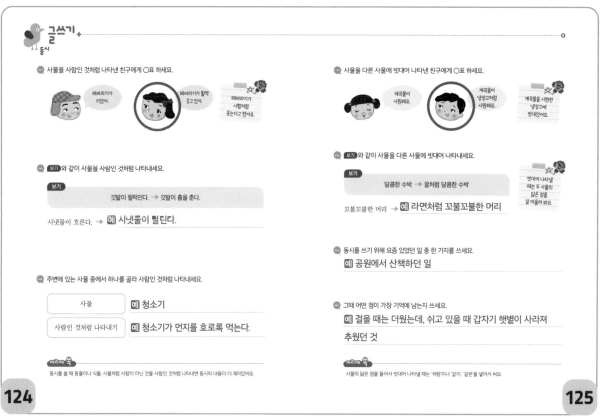

글쓰기 동시

사물을 사람인 것처럼 나타낸 친구에게 ○표 하세요.

해바라기가 피었어.

해바라기가 활짝 웃고 있어. ○

해바라기가 사람처럼 웃는다고 했어요.

보기 와 같이 사물을 사람인 것처럼 나타내세요.

보기
깃발이 펄럭인다. → 깃발이 춤을 춘다.

시냇물이 흐른다. → 예 시냇물이 뛴다.

주변에 있는 사물 중에서 하나를 골라 사람인 것처럼 나타내세요.

| 사물 | 예 청소기 |
| 사람인 것처럼 나타내기 | 예 청소기가 먼지를 호로록 먹는다. |

머리에 쏙
동시를 쓸 때 동물이나 식물, 사물처럼 사람이 아닌 것을 사람인 것처럼 나타내면 동시의 내용이 더 재미있어요.

124

사물을 다른 사물에 빗대어 나타낸 친구에게 ○표 하세요.

계곡물이 시원해요.

계곡물이 냉장고처럼 시원해요. ○

계곡물을 시원한 냉장고에 빗대었어요.

보기 와 같이 사물을 다른 사물에 빗대어 나타내세요.

보기
달콤한 수박 → 꿀처럼 달콤한 수박

꼬불꼬불한 머리 → 예 라면처럼 꼬불꼬불한 머리

빗대어 나타낼 때는 두 사물의 닮은 점을 잘 떠올려 봐요.

동시를 쓰기 위해 요즘 있었던 일 중 한 가지를 쓰세요.
예 공원에서 산책하던 일

그때 어떤 점이 가장 기억에 남는지 쓰세요.
예 걸을 때는 더웠는데, 쉬고 있을 때 갑자기 햇볕이 사라져 추웠던 것

머리에 쏙
사물의 닮은 점을 들어서 빗대어 나타낼 때는 '처럼'이나 '같이', '같은'을 넣어서 써요.

125

도움말 사물이나 동식물을 사람인 것처럼 나타내는 방법을 알아보는 문제입니다.

도움말 사물을 빗대어 나타내는 방법을 알아보고, 동시로 쓰고 싶은 것을 생각해 봅니다.

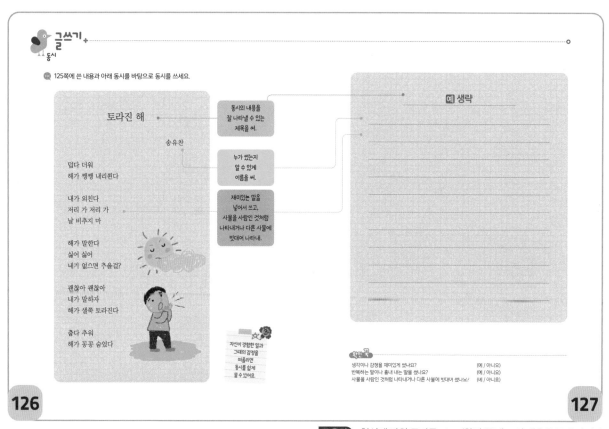

글쓰기 동시

125쪽에 쓴 내용과 아래 동시를 바탕으로 동시를 쓰세요.

토라진 해

송유찬

덥다 더워
해가 쨍쨍 내리쬔다

내가 외친다
저리 가 저리 가
날 비추지 마

해가 말한다
싫어 싫어
내가 없으면 추울걸?

괜찮아 괜찮아
내가 말하자
해가 샐쭉 토라진다

춥다 추워
해가 꽁꽁 숨었다

자신이 경험한 일과 그때의 감정을 떠올리면 동시를 쉽게 쓸 수 있어요.

동시의 내용을 잘 나타낼 수 있는 제목을 써.

누가 썼는지 알 수 있게 이름을 써.

재미있는 말을 넣어서 쓰고, 사물을 사람인 것처럼 나타내거나 다른 사물에 빗대어 나타내.

예 생략

확인 꾹
생각이나 감정을 재미있게 썼나요? (예 / 아니요)
반복하는 말이나 흉내 내는 말을 썼나요? (예 / 아니요)
사물을 사람인 것처럼 나타내거나 다른 사물에 빗대어 썼나요? (예 / 아니요)

126

127

도움말 형식에 맞춰 동시를 쓰고, '확인 꾹'에 쓰인 내용을 통해 자신이 쓴 동시를 검토하게 하세요.

교과 주제로 시작하는

초등 메가 독서 논술

정답 및 예시 답안

메가스터디BOOKS

내용 문의 02-6984-6930 | 구입 문의 02-6984-6868, 9 | www.megastudybooks.com

잘 키운 문해력, 초등 전 과목 책임진다!

메가스터디
초등 문해력 시리즈

학습 대상 : 초등 2~6학년

초등 문해력 어휘 활용의 힘	>	초등 문해력 한 문장 정리의 힘	>	초등 문해력 한 문장 정리의 힘
어휘편 1~4권		**기본편** 1~4권		**실전편** 1~4권

메가스터디 BOOKS

초등 공부 시작부터 끝까지!

초끝

3학년이 되기 전에 1~2학년 공부 끝!

맞춤법＋어휘＋독해

+ 1, 2학년 필수 맞춤법, 어휘, 독해 학습
+ 2022 개정 교육과정 반영 및 초등 교과연계
+ 문학, 비문학, 맞춤법 동화의 균형적 지문 구성
+ 하루 2장, 25일 완성

문장 학습＋글쓰기

+ 1, 2학년 필수 문장 학습
+ 단계별 올바른 문장 쓰기 연습
+ 초등 교과연계 갈래별 글쓰기 연습
+ 하루 1장, 25일 완성

저절로 구구단

+ 곱셈 원리부터 이해하는 6단계 학습법
+ 다양한 유형으로 구구단 반복 연습
+ 서술형 대비 문장제 문제 강화
+ 하루 2장, 32일 완성

스스로 시계＋달력＋계획표

+ 원리를 이해하는 4단계 학습법
+ 시간 개념 이해로 스스로 만드는 계획표
+ 사고력을 확장하는 수학 문해력 문제
+ 하루 2장, 30일 완성